Peter Kohrs

Stundenblätter
Aufsatz –
Informieren/Appellieren

5./6. Schuljahr

39 Seiten Beilage

Ernst Klett Verlag

Reihe: Stundenblätter Deutsch
Herausgeber dieses Heftes: Jürgen Wolff

Unterrichtsvorschläge zum Bereich des Erzählens
in der Aufsatzerziehung finden sich in:

Peter Kohrs
Stundenblätter
Aufsatz – Erzählen
5./6. Schuljahr
Klettbuch 927486

Parallel zu diesen beiden Stundenblätterheften erscheint ein Arbeitsheft,
das alle für die Unterrichtseinheiten notwendigen Materialien enthält:

Sicher zum Aufsatz
Materialien zum Aufsatzunterricht
5./6. Schuljahr
Von Peter Kohrs
Klettbuch 2185

CIP-Titelaufnahme der Deutschen Bibliothek

Kohrs, Peter:
Stundenblätter Aufsatz – Informieren, Appellieren:
5./6. Schulj. / Peter Kohrs. –
1. Aufl. – Stuttgart: Klett, 1988
   (Reihe: Stundenblätter Deutsch)
   ISBN 3-12-927488-X

ISBN 3 12-927488-X

Satz: G. Müller, Heilbronn; Wilhelm Röck, Weinsberg
Druck: Wilhelm Röck, Weinsberg
Einbandgestaltung: Zembsch' Werkstatt, München

Inhalt

Vorbemerkungen

Hinweise zur didaktischen Konzeption

Leitziel aller Teilbereiche des Deutschunterrichts, dies ist auch allen Richtlinientexten gemeinsam, ist die Förderung sprachlicher Kommunikationsfähigkeit. Damit ist gemeint, die Schüler zu befähigen, sich sprachlich zu verständigen, sprachliche Äußerungen zu verstehen und sprachliche und kommunikative Bedingungen kritisch zu reflektieren. Das Leitziel *Förderung sprachlicher Kommunikationsfähigkeit* gilt in besonderer Weise für den Aufsatzunterricht. Neben erörternden und monologischen Formen des Schreibens (für sich selbst etwas als Merkhilfe festhalten; für sich selbst etwas durch schriftliches Fixieren klären) und kreativem Spiel und Handeln mit Sprache ist das unmittelbar partnerbezogene Schreiben in bestimmten Situationen und Zusammenhängen von großer Bedeutung. Will man die Fähigkeit des Schülers im Bereich des schriftlichen Arbeitens fördern, so muß zweierlei besonders beachtet werden:
– eine *kommunikative* und *pragmatische* Ausrichtung, bei der das Schreiben am kommunikativen Zusammenhang von Verfasserintention und Adressatenbezug zu orientieren ist;
– eine *textbezogene* Ausrichtung, bei der insbesondere auf Darstellungsform und Textsorte (Erzählung, Bericht, Beschreibung, Appell) geachtet wird.

Unterscheiden sollte der Lehrer auch die verschiedenartigen Schreibanlässe. Einmal wird er auf eher reale und wirkliche Anlässe zurückgreifen, ein anderes Mal wird er Anlässe stellen und simulieren. Einmal werden Schreibanlässe in Zusammenhänge eingebunden sein, die sich im schulischen Alltag oft kurzfristig und unvorhergesehen ergeben, ein anderes Mal werden sie im Rahmen eines längerfristig angelegten Plans erarbeitet; einmal geht es eher um Nützlichkeit und Effizienz, ein anderes Mal um Kreativität und Selbsterfahrung; einmal wird man sich stärker am Adressaten und seinen Normen orientieren, ein anderes Mal wird es sinnvoll sein, die Schüler in freier Form schreiben zu lassen.

Für den Aufsatzunterricht sind insbesondere folgende vier Aspekte von Bedeutung: *Inhalt* des Schreibens, *Absicht, Adressat, Form.* Im konkreten Fall sind entsprechende Akzentsetzungen vorzunehmen: So wird z. B. beim Informieren der Inhaltsaspekt dominant sein, da der Sprecher/Schreiber das Informieren über einen Sachverhalt zum Ziel hat. Beim Appellieren wird in der Regel der Leser-/Hörer-Bezug im Vordergrund stehen, weil einem Gegenüber ein besonderes Interesse zuteil wird und seine Einstellung oder sein Handeln beeinflußt werden soll.

Schreib- und Sprechhandlungen sind in vielfältiger Weise aufeinander bezogen. Dennoch lassen sich aus der mündlichen Arbeit nicht unmittelbar Regeln für das schriftliche Arbeiten ableiten, weil Schreiben unter anderen Kommunikationsbedingungen als das Sprechen steht. Im Unterricht wird das spontane Sprechen oft am Anfang stehen, auch in anderen Phasen kann es das Schreiben unterstützen; Schreibphasen können einer ihnen folgenden Diskussion dienlich sein. In einem projekt- und handlungsorientierten Unterricht werden die Lernbereiche des

7

mündlichen und schriftlichen Sprachgebrauchs in der Regel nicht voneinander getrennt, weil die Bereiche in den Rahmen der jeweiligen Handlungssituation (z. B. „Aufforderungen") oder des jeweiligen Projekts (z. B. „Wir bereiten ein Schulfest vor") eingebunden sind. Deutliche Beziehungen bestehen auch zwischen der rezeptiven analytischen Arbeit und der Produktion von Texten. Aus der Analyse von vorgegebenen Texten lassen sich Kriterien für das Verfassen eigener Texte gewinnen, durch Lesen kann die Phantasie angeregt werden. In vielfältiger Weise läßt sich im Sinne eines kreativen, produktionsorientierten Umgehens mit Texten experimentieren, indem Textarten und Textintentionen verändert, Perspektiven eines Textes umgeschrieben, ein Schlußteil geändert oder ausgeführt wird. Nicht zuletzt ist für den Prozeß der Textentstehung Reflexion notwendig: Schreibphasen müssen von analytischen Phasen und Reflexionsphasen unterbrochen und abgelöst werden.

Hinweise zum Aufbau, zur Benutzung und zum Zusammenhang von Stundenblättern und Schülermaterialien

Die Beschreibung der einzelnen Unterrichtssequenzen in dem hier vorliegenden Stundenblätterheft ist zusammen mit dem Materialienheft (Sicher zum Aufsatz, Materialien zum Aufsatzunterricht, 5./6. Schuljahr, Klettbuch 2185) als didaktische Einheit zu sehen. In den einzelnen Stunden wird auf die jeweiligen Arbeitsmittel verwiesen. Alle sonstigen Texte und Materialien, die nicht unmittelbar für den Schüler gedacht sind sowie Erläuterungen zu den Aufgabenstellungen und zum Erwartungshorizont werden in diesem Stundenblätterheft abgedruckt.

Bei der Erarbeitung der Stundenthemen wechseln Sprech-, Schreib- und Refle-

xionsphasen einander ab. So werden einerseits Texte im Hinblick auf ihre Struktur, Intention, Perspektive und sprachliche Machart analysiert und Kriterien entwickelt, mit denen die neu erworbenen Kenntnisse beim Sprechen oder Schreiben berücksichtigt werden können. Andererseits erproben die Schüler durch eigene Sprech- und Schreibaktionen ihre Sprachhandlungsmöglichkeiten, um damit zu systematischer Reflexion über vorgegebene Texte fähig zu werden und um zu erkennen, daß Kriterien, die sie selbst beim Schreiben von Texten anwenden, in anderen Texten ebenso berücksichtigt wurden. Der Zusammenhang von Schreiben und Sprechen wird immer wieder eine Rolle spielen. So wird eine Schreibphase nicht selten eingeleitet durch Übungen, in denen die Schüler zum spontanen Erzählen veranlaßt werden. Sprech- und Schreibtätigkeiten werden immer wieder unterbrochen durch Reflexionsphasen, die dem Schüler die unterschiedlichen Aspekte des Schreibens im Zusammenhang (Inhalt, Absicht, Adressat, Form) verdeutlichen und ihm einen reflektierten Einsatz seiner sprachlichen Mittel und Möglichkeiten erlauben.

Die Unterrichtseinheiten beziehen sich auf das 5. und 6. Schuljahr. Diese beiden Klassen werden hier mehr oder weniger als Einheit betrachtet (Orientierungsstufe/Erprobungsstufe).

Bei als obligatorisch angesehenen Hausaufgaben taucht die Besprechung in der Vorphase oder in Phase 1 der nächsten Stunde auf (sowohl im laufenden Text als auch auf dem losen Stundenblatt). Wird eine Hausaufgabe als Möglichkeit („evtl." Hausaufgabe) angegeben, erfolgt keine Besprechung. In diesem Falle hat der Lehrer die Möglichkeit, aus der konkreten Situation zu entscheiden, in welcher Weise er die Hausaufgabe kontrollieren, besprechen oder vertiefen möchte.

8

Übersicht über die Unterrichtseinheiten: Informieren / Appellieren und Erzählen

Die folgende Übersicht zeigt eine Auflistung der Lerninhalte der Unterrichtseinheiten Erzählen, Informieren und Appellieren, und zwar gegliedert nach Lernsequenzen und Unterrichtsstunden bzw. Doppelstunden mit Verweis auf die Anzahl der Schülermaterialien. Sowohl das Informieren als auch das Erzählen sind nach den amtlichen Lehrplänen der Bundesländer als Themen für das 5. und 6. Schuljahr vorgesehen. Das Thema Appellieren soll in der Regel erst in der 6. Klasse bearbeitet werden.

Die Einheiten Informieren/Appellieren liegen hier vor. Die Einheit Erzählen erscheint in einem anderen Band der Stundenblätter-Reihe (Stundenblätter Aufsatz – Erzählen, Klettbuch 927486). Die Schülermaterialien aller drei Unterrichtseinheiten sind in *einem* Band zusammengefaßt (Klettbuch 2185).

Unterrichtseinheit	Unterrichtssequenz	Stundenzahl
Informieren (15 Stunden mit 25 Arbeitsmaterialien für den Schüler)	– Sich Informationen verschaffen und Informationen weitergeben	3
	– Einen Gegenstand beschreiben	2
	– Einen Vorgang beschreiben	3
	– Eine Person beschreiben	2
	– Ein Tier beschreiben	1
	– Über ein Geschehen berichten	4
Appellieren (8 Stunden mit 15 Arbeitsmaterialien für den Schüler)	– Unterschiedliche Aufforderungen untersuchen	1
	– Aufforderungen nach Form und Dringlichkeit unterscheiden	2
	– Einen appellierenden Text untersuchen	1
	– Suchanzeigen untersuchen und verfassen	1
	– Einen Aufruf untersuchen und verfassen	1
	– Den Adressaten berücksichtigen	1
	– Bild-Text-Zusammenhang appellierender Darstellungen	1
Erzählen (26 Stunden mit 45 Arbeitsmaterialien für den Schüler)	– Erlebtes und Erfundenes strukturiert erzählen	8
	– Den Höhepunkt ausgestalten und die innere Handlung darstellen	4
	– Aus verschiedenen Perspektiven erzählen	4
	– Unterschiedliche Erzählabsichten	2
	– In Briefen erzählen	2
	– Zu Bildern erzählen	4
	– Nacherzählen – neu erzählen	2

Informieren

Vorbemerkungen

Das Sprachverhalten *Informieren* ist deutlich zweck- und adressenbezogen. Nicht das persönliche Verhältnis des Schreibers zum Gegenstand und Adressaten ist gefragt, sondern eine durch die Sache und die reale Wirklichkeit begründete Beziehung zwischen Schreiber und Leser.

Der erlebnisorientierten Sprache bei der Erzählung stehen sachlicher Stil beim Informieren gegenüber.

Berichten, Beschreiben und Erzählen lassen sich in folgender Weise in einem groben Raster voneinander absetzen:

	Berichten	Beschreiben	Erzählen
Genaue Beschreibung eines Vorgangs, eines Gegenstandes, eines Tieres oder einer Person		×	
Genaue, in einem zeitlichen Ablauf gegliederte Information über ein zurückliegendes Ereignis	×		
Sachlicher Bezug, keine persönlich gefärbten Ausdrücke	×	×	
Zeitverweis: Vergangenheit (Handlung abgeschlossen) Tempusform: Präteritum	×		×
Zeitverweis: auch heute noch gültig Tempusform: Präsens		×	
Spannung wecken, den Leser das Geschehen miterleben lassen			×
In einzelnen Erzählschritten den Höhepunkt vorbereiten			×
Wörtliche Rede, Gefühle, Gedanken			×

Das Informieren ist eine Sprachhaltung, die Schüler in unterschiedlichen schulischen und außerschulischen Situationen anwenden müssen. Die Schüler müssen einerseits die Technik des Informierens erlernen und die entsprechenden sprachlichen Mittel sinnvoll einsetzen lernen; zum anderen gilt es, sich auf Situationen zu beziehen, die das Sprachverhalten des Informierens notwendig machen. Dies können Situationen sein, die im schulischen Leben tatsächlich gegeben sind (Schulfest, Elternabend, Schülerzeitschrift). Es müssen darüber hinaus zur Qualifizierung für das spätere Leben auch gestellte Situationen sein (Unfallbericht, Zeugenaussage). Die gewählten Situationen sollten aber den 10–12jährigen Schülern angemessen sein. Hier einige Beispiele:
- eine Person beschreiben, die vermißt wird – die Beschreibung richtet sich an Leser, die sich an der Auffindung der Person beteiligen sollen;
- jemandem einen Gegenstand, den er noch nicht kennt, beschreiben (sein Aussehen und seine Funktion);
- einem Leser einen Vorgang so genau beschreiben, daß er ihn nachvollziehen kann.

Darüber hinaus geht es um Entwicklung bestimmter Techniken, deren Anwendung beim Sprechen/Schreiben hilfreich sein kann, z. B.:
- einem Text Informationen entnehmen und diese nach über- und untergeordneten Gesichtspunkten gliedern;
- sich zu bestimmten Themen und bei bestimmten Anlässen Stichwörter aufschreiben;
- auf der Basis von Stichwörtern andere informieren;
- verschiedene Beschreibungskriterien und Merkmale in einer Tabelle übersichtlich anordnen.

Schließlich geht es auch immer wieder um Übung und Vertiefung des Gelernten, z. B.:
- Üben der richtigen Reihenfolge bei einer Vorgangsbeschreibung;
- sprachliche Überarbeitung eines Konzepts: Straffung im Hinblick auf Sachlichkeit, Reihenfolge, Eindeutigkeit der Ausdrücke.

Insbesondere die Textart Bericht ist deutlich normiert. Als Zeugenbericht, Unfallbericht, Bericht an eine Versicherung ist er am Adressaten orientiert, er hat in der Regel eine bestimmte sprachliche Form (z. B. Sachlichkeit, Fachbegrifflichkeit) und muß bestimmte Erwartungen erfüllen (z. B. Genauigkeit der Angaben, Klarheit der Darstellung).
Wenn auch ein Bericht in der Regel möglichst sachlich und objektiv abzufassen ist, spiegelt er doch auch subjektive Momente seines Schreibers wider, nicht zuletzt deshalb, weil er aus unterschiedlicher Sicht und an unterschiedliche Adressaten verfaßt sein kann. Hierfür ein Beispiel:

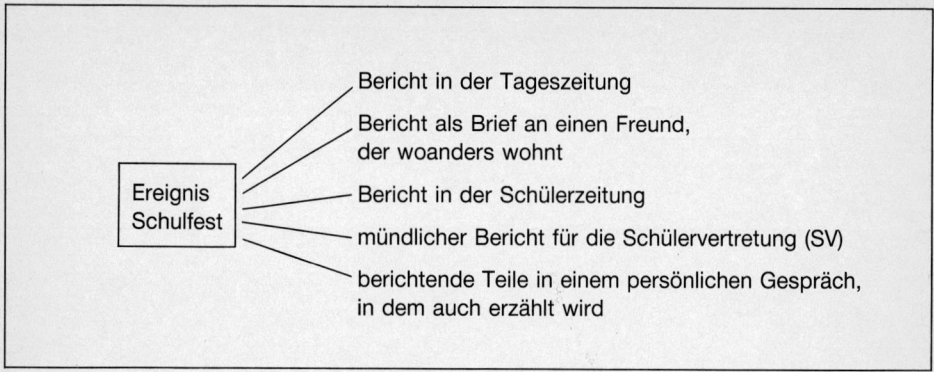

Sowohl beim beschreibenden als auch beim berichtenden Sprachverhalten wird es mitunter auch erzählende und appellierende Elemente geben. Da der Sprecher/Schreiber immer auch mit *seiner* Sicht der Dinge beteiligt ist, wird es eine absolut „reine" Sprachform kaum geben können. Daß es Übergänge gibt zwischen Informieren, Erzählen und Appellieren ist besonders häufig in Alltagssituationen zu beobachten, insbesondere bei mündlicher Kommunikation.

Auch wenn es ein gänzlich objektives Beschreiben und Berichten nicht gibt, heißt dies natürlich nicht, sämtliche Unterschiede zwischen den Sprachhaltungen zu relativieren. Es ist im Unterricht der 5. und 6. Klasse durchaus angebracht, deutlich zwischen Beschreiben, Berichten, Erzählen und Appellieren zu unterscheiden. Erst wenn die einzelnen Sprachhandlungsmöglichkeiten vorgestellt wurden, können die Mischformen erkannt werden.

Im folgenden wird zusammenfassend eine Auflistung relevanter Einzelformen und Situationen für das Beschreiben und Berichten gegeben. Dazu wurden typische, in der Umwelt der Schüler auftretende Einzelformen mit entsprechenden Situationen, Funktionen und Adressaten gewählt:

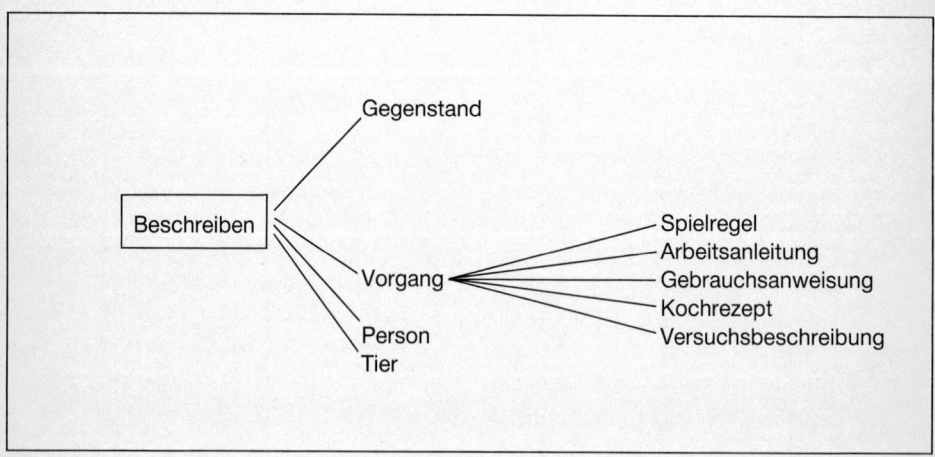

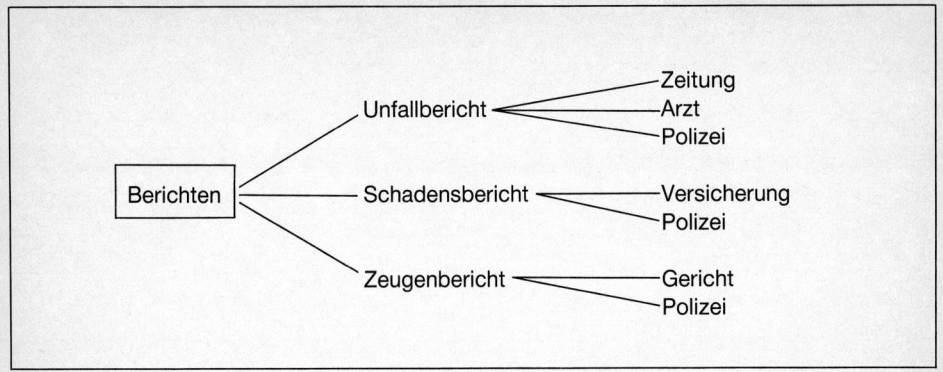

Die Unterrichtseinheit *Informieren* umfaßt insgesamt 15 Stunden. Die 8. und 15. Stunde haben kein loses Stundenblatt, weil es sich dabei um Wiederholungs- und Übungsstunden handelt. Aus allen Stunden, außer den beiden ersten, lassen sich Klassenarbeiten mit den traditionellen Aufsatzarten entwickeln (Wegbeschreibung, Gegenstandsbeschreibung, Personen- und Tierbeschreibung, Vorgangsbeschreibung und Bericht).

Beschreibung der Sequenzen

Sich Informationen verschaffen – Informationen weitergeben (1.–3. Stunde)

Wer etwas wissen will und daher eine Frage formuliert, knüpft dabei an bereits früher erhaltene Informationen an. Insofern sind das Beschaffen von Informationen und die Weitergabe von Informationen, das Fragen und das Antworten wechselseitig aufeinander bezogen.

Beim mündlichen Einholen oder Weitergeben von Auskünften kann der Ansprechpartner öfter befragt werden bzw. er kann leicht zusätzliche Informationen nachreichen. Im Gegensatz dazu ist das schriftliche Einholen von Informationen komplizierter und der Prozeß aufwendiger. Das schriftliche Einholen von Auskünften hat aber den Vorteil, daß die Kommunikationspartner aufgrund der schriftlichen Fixierung die Möglichkeit größerer Präzision haben. Der um Auskunft Fragende muß sich auch darüber klar sein, an welchen Informationen er interessiert ist und welche Informationsquellen daher für ihn am zweckmäßigsten sind.

In dieser Unterrichtssequenz geht es um mündliche und schriftliche Formen der Informationsbeschaffung und -weitergabe. Es geht insbesondere um die Aneignung bestimmter Techniken, die auch in späteren schulischen oder außerschulischen Situationen anwendbar sind. Eine gestellte, aber potentiell mögliche Situation steht im Vordergrund: ein Aufenthalt in einem Schullandheim in Norderney. Die Schüler sollen Informationsquellen untersuchen, einen Merkzettel mit Stichwörtern anlegen und auf der Grundlage dieser Stichwörter einem Ansprechpartner Informationen weitergeben. Es wird zudem ein Brief mit der Bitte um Informationen geschrieben. Außerdem wird die traditionelle Aufsatzform ‚Wegbeschreibung‘ geübt, wobei die kommunikativen Zusammenhänge (Ausgangssituation, Absicht des Schreibenden, Erwartungen des Adressaten) reflektiert werden.

Grobziele der Sequenz

– Sich klar machen, welche Informationen von Interesse sind und überlegen, wie man sich diese Informationen (auf mündliche und schriftliche Weise) beschaffen kann;
– Informationen auswerten und auf ökonomische Weise festhalten (Stichwortzettel);
– Informationen mündlich und schriftlich weitergeben.

1. Stunde: Informationen austauschen und Informationen beschaffen

Vorbemerkungen

Es geht in dieser Stunde inhaltlich um einen Schullandheimaufenthalt auf der bekannten Nordseeinsel Norderney. Wenn diese Situation auch gestellt ist, so ist die Aufgabe, eine Klassenfahrt vorzubereiten, dennoch in einer 6. Klasse denkbar und möglich. Die in dieser Stunde erlernten Kenntnisse, Fähigkeiten und Fertigkeiten sind übertragbar auf ähnliche Situationen.

Folgende Fragen sind bei diesem Thema von allgemeiner Wichtigkeit:

Was will ich vor einer Reise über mein Reiseziel wissen?

Welche Sehenswürdigkeiten gibt es dort zu sehen?

Welche Freizeitmöglichkeiten gibt es?

Wie erreiche ich mein Reiseziel?

Wie verschaffe ich mir Informationen? Welche Bücher geben mir Auskunft? Welche Personen können mir Informationen geben? Welche Institutionen schreibe ich an? Welche Informationsfragen formuliere ich?

Wer Auskünfte einholen will, muß wissen, welche Informationsquellen zuverlässig und für seine Absichten und Erwartungen zweckmäßig sind. Das Anschreiben von Institutionen mit der Bitte um Informationsmaterial bietet im Unterricht die Möglichkeit zum Schreiben. Daß ein derartiger Brief auch appellative und erörternde Elemente enthält, versteht sich von selbst (Aufforderung bzw. Bitte, die Materialien möglichst schnell zu schicken, Beschreibung des Vorhabens, um die richtigen Informationen zu erhalten).

Unterrichtsverlauf

Phase 1:
Eigene Erfahrungen und Kenntnisse mitteilen

In dieser Phase der Stunde geht es vor allem darum, über das Rahmenthema *Informieren* miteinander ins Gespräch zu kommen. Die vom Lehrer gestellte Situation *Klassenfahrt nach Norderney* ist als Impuls gedacht, untereinander Kenntnisse über die Insel auszutauschen. Die Mitteilung von Fakten kennzeichnet bereits

deutlich die informierende Sprachhaltung. Der Lehrer muß allerdings damit rechnen, daß die Schüler auch ihre eigenen Erfahrungen (z. B. Urlaubsreise mit den Eltern) erwähnen. Wahrscheinlich werden sie darauf sogar zuerst eingehen. Da Informieren und Erzählen in Alltagssituationen durchaus nicht immer trennscharf voneinander abzuheben sind (vgl. Einführung), ist in dieser Phase auch das Erzählen von Erfahrungen sinnvoll. Erwartet werden kann, daß Schüler Fakten und Daten über die Insel nennen, indem sie Kenntnisse aus dem Heimatkunde- oder Erdkundeunterricht wiedergeben (Lage, Größe, Besiedlung, Wegbeschreibungen, Besonderheiten, Freizeitmöglichkeiten).

Die freien Schüleräußerungen sollte der Lehrer mitnotieren, um anschließend die wesentlichen Aussagen an die Tafel schreiben zu können. Sinnvoll wäre auch, wenn alle wichtigen Schülerbeiträge vom Lehrer auf Folie geschrieben würden, um diese der Klasse anschließend sichtbar zu machen. In einem kurzen Unterrichtsgespräch könnten dann die Schülerinformationen einander zugeordnet und zusammengefaßt werden.

Sollten die Schüler allzusehr ins Erzählen kommen, könnte der Lehrer durch vorsichtige Zusatzfragen bewirken, daß auch informierende Elemente miteinfließen, z. B.: Erzähl doch mal, was typisch für Norderney ist! Sag uns, wie ihr gefahren seid (Bahn, Auto, Schiff)! Wie habt ihr den Urlaub verbracht? Was kann man auf so einer Insel unternehmen? Wo liegt die Insel überhaupt? Wie groß ist sie?

Phase 2:
Fragen zur Information formulieren

In dieser Phase wird das Unterrichtsgespräch weitergeführt. Es geht vor allem darum, weitere Fragen zu formulieren.

Friesische Inseln w, Mz., Inselkette vor der niederländ. und dt. Nordseeküste *(Dt. Bucht)*; alte Festlandsteile, durch Sturmfluten abgetrennt. **1.** W-F. I. (niederländ.) von Texel bis zur Mündung der *Ems*. **2.** O-F. I. (niedersächs.) zwischen den Mündungen von *Ems* und *Weser* (Borkum, Juist, Norderney, Baltrum, Langeoog, Spiekeroog, Wangerooge). **3.** N-F. I. (schleswig-holstein.) nördl. der Mündung der *Elbe* (Amrum, Pellworm, Nordstrand, Föhr, Sylt und die Halligen). Die meisten F.I. werden durch *Deiche* geschützt. Die Halligen sind dagegen nicht eingedeicht und werden oft überflutet. Die wenigen Siedlungen liegen hier auf 4–5 m hohen künstl. Hügeln, den Warften. Die F.I. haben eine reiche Vogelwelt. Starker Fremdenverkehr herrscht in den zahlr. Badeorten. Während der *Ebbe* sind manche F.I. auf dem Landweg zu erreichen. Die N-F. I. Sylt (größte F.I.) umfaßt 93,5 km² und hat rd. 19000 Einw. Sie ist seit 1925 mit dem Festland durch den 11 km langen Hindenburgdamm (Eisenbahnlinie) verbunden.

Aus: Unser Lexikon. Modernes Jugendlexikon in Farbe. Bertelsmann-Verlag, Gütersloh 1974, S. 202

Norderney

Die Insel Norderney ist 15 km lang und bis zu 2 km breit, sie umfaßt 25,6 qkm und zählt 8500 Einwohner. Das *Niedersächsische Staatsbad* ist das älteste deutsche Nordseebad. Die ganze Insel ist auf Badebetrieb eingestellt und bietet modernste Kur- und Erholungseinrichtungen. Das „Haus der Insel" für Kongresse und Tagungen wurde 1977 eingeweiht.

Fahrt zur Insel

Norderney erreicht man per Schiff, Fähre oder Flugzeug ab Norddeich. Die Fahrt dauert eine Stunde. In der Hauptkurzeit wird täglich bis zu 14 Mal gefahren. Der Fahrplan ist von Ebbe und Flut unabhängig. Autos können mit auf die Insel genommen werden. Die Autofähren verkehren nach besonderem Fahrplan. Sie können Ihr Fahrzeug aber auch in der Frisia-Großgarage in Norddeich unterstellen.

Der Flugplatz auf Norderney stellt direkte Luftverbindung mit dem Festland und den anderen Nordseeinseln her.

Geschichte und Sehenswürdigkeiten

Aus dem alten Fischerdorf wurde 1797 ein Seebad, das 1804 nur 500 Besucher und heute jährlich 135000 Gäste zählt. Unter König *Georg V. von Hannover* wurde es „Königliche Sommerresidenz" am Meer. *Heine, Blücher, Humboldt, Bismarck, Jenny Lind, Fontane, Bülow, Stresemann, Hindenburg* und viele gekrönte Häupter zählten zu den berühmtesten Gästen. 1872 wurden die ersten Strandkörbe angeschafft, 1873 der Leuchtturm gebaut, 1881 das Kurhaus erweitert, 1931 entstand das *Seewasser-Wellen-Hallenschwimmbad*, 1967 ein neues *Kurmittelhaus* und 1974 ein *Meerwasser-Wellen-Freibad*. Das Kurhaus bekam eine *Spielbank*. Durch die Verlagerung des Sandstrandes nach Osten wurde der Bau einer Straße zur *Weißen Düne* und zum *Leuchtturm* notwendig. Von außerhalb des Ortes gelegenen Parkplätzen kann der Gast zum Badestrand fahren oder die in regelmäßiger Folge verkehrenden Omnibusse benutzen.

Die Insel bietet auch einige Sehenswürdigkeiten. In gepflegten Grünanlagen liegt die *Napoleonschanze*, die 1811 von den Franzosen angelegt wurde. Idyllisch sind der *Schwanenteich* und das *Argonnerwäldchen*. Das *Fischerhaus-Museum* zeigt ostfriesische Wohnkultur und eine Sammlung zur Geschichte des Fischfangs und der Schiffahrt. Der 1873 errichtete *Leuchtturm*, der etwa 6 km außerhalb der Ortschaft liegt und mit Autobus erreicht werden kann, bietet eine herrliche Rundsicht über die Sanddünen der Insel und über das umliegende Wattenmeer.

Vogel- und Pflanzenwelt

Die Vogel- und Pfanzenwelt ist wie auf der Insel *Borkum*. Auf dem Weg zum Leuchtturm kommen Sie durch das *Vogelschutzgebiet* der Insel, das Ihnen gute Möglichkeit zu Beobachtungen bietet.

Aus: Reiseführer Nordseeküste und Inseln. Polyglott-Verlag; Köln und München 1986, S. 32

Nordbad
NORDERNEY
Vogel-
schutzgebiet
Grohde
Vogelschutz-
gebiet
NORDERNEY
0
5km
Westbad
Riffgat

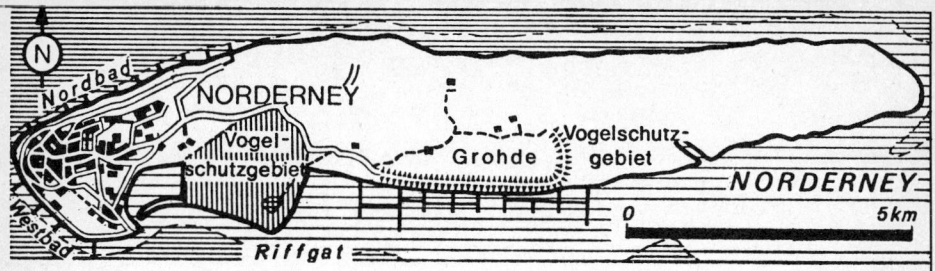

Der Reiseweg nach Norderney

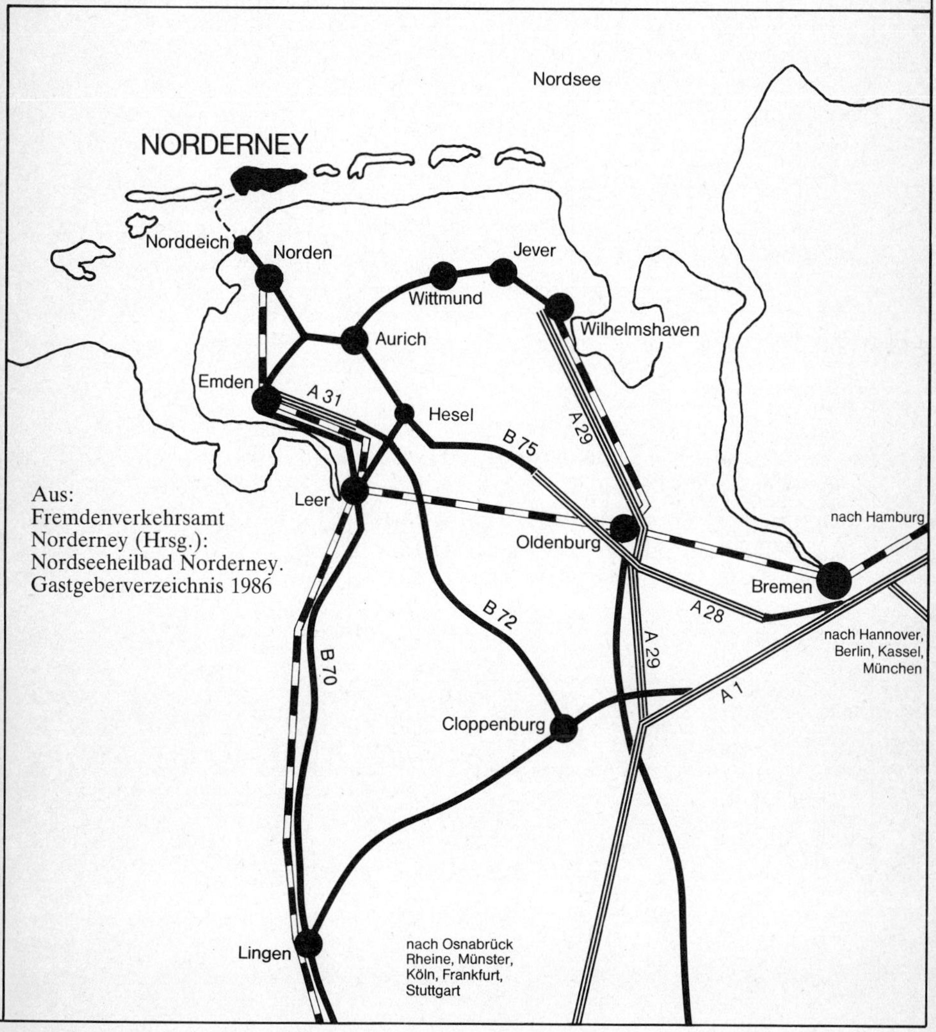

Nordsee
NORDERNEY
Norddeich
Norden
Jever
Wittmund
Wilhelmshaven
Aurich
Emden
A 31
Hesel
B 75
A 29
Leer
Oldenburg
nach Hamburg
Bremen
A 28
B 72
B 70
A 29
nach Hannover,
Berlin, Kassel,
München
A 1
Cloppenburg
Lingen
nach Osnabrück
Rheine, Münster,
Köln, Frankfurt,
Stuttgart

Aus:
Fremdenverkehrsamt
Norderney (Hrsg.):
Nordseeheilbad Norderney.
Gastgeberverzeichnis 1986

Diese Fragen sollten an der Tafel gesammelt werden. Art und Anzahl der Fragen hängen vom Ablauf der Phase 1 ab. Es ist aber wohl kaum anzunehmen, daß das Informationsbedürfnis in Phase 1 bereits völlig befriedigt worden ist. In einem gelenkten Unterrichtsgespräch sollte der Lehrer zunächst übergeordnete Fragen stellen (vgl. loses Stundenblatt), um die Schüler dazu zu bringen, weitere detaillierte Fragen zur Information zu formulieren. Falls die Schüler Schwierigkeiten haben, könnte er übergeordnete Bereiche nennen oder anschreiben, zu denen von den Schülern spezielle Fragen formuliert werden könnten (z. B.: Freizeitmöglichkeiten, Lage des Jugendheimes, Badezeiten, Ausflugsfahrten).

Phase 3:
Möglichkeiten der Informationsbeschaffung

Der Arbeitsauftrag dieser Phase, zu überlegen, wie man an entsprechende Informationen herankommt, sollte nach Möglichkeit in einer kurzen Partnerarbeit erledigt werden. Nach der Zusammenfassung der verschiedenen Möglichkeiten könnte der Lehrer seinen Schülern vielleicht auch sagen, daß das Schullandheim auf Norderney dem Jugendwerk Detmold des Kreises Lippe gehört, dieses also auch zur Beschaffung von Informationen direkt angeschrieben werden könnte. Danach werden einige Informationen zum Verfassen eines Briefes gegeben (äußere Form, Absender, Adressat, Anrede, Schlußformel,

Bitte um Informationsmaterial). Nicht explizit gemacht werden muß der appellative Charakter des Briefes (höfliche Bitte bzw. Aufforderung, Material zuzusenden) – aus dem Zusammenhang versteht sich das von selbst. Wohl aber sollte herausgestellt werden, daß der Adressat über das Vorhaben ‚Klassenfahrt' informiert werden muß, damit er selbst gezielte Informationen geben kann.

Für das Verfassen des Briefes wird im Unterricht keine Zeit mehr vorhanden sein. Deshalb soll die Formulierung des Briefes die *Hausaufgabe* einer Gruppe sein. Eine zweite Gruppe soll sich Informationen über Einzelheiten der Insel beschaffen und eine dritte Gruppe Informationen über eine Fahrtroute von der Schule bis Norderney.

Auf S. 161 f. finden sich einige Hintergrundinformationen für den Lehrer.

Stundenziele

– Mitschülern Erfahrungen über eine Ferienreise nach Norderney und Kenntnisse über die Nordseeinsel mitteilen;
– Informationen über die Insel ordnen;
– Möglichkeiten zur Beschaffung von Informationen zusammenstellen;
– Inhalt und Form eines Briefes überlegen, in dem die Bitte um Information ausgesprochen wird;
– den Brief mit der Bitte um Informationen über die Insel verfassen;
– weitere Informationsquellen befragen.

2. Stunde:
Informationen erfassen, ordnen und neu formulieren

Vorbemerkungen

Im Zentrum dieser Stunde stehen Materialien, mit deren Hilfe die Technik der Informationsentnahme und schnellen Fixierung auf einem Stichwortzettel eingeübt werden kann. Die Materialien bieten Vorgaben, wie die Informationen geordnet werden können.

Mat. 1 stellt das Schullandheim durch ein Foto dar. Der große Gebäudekomplex liegt am Rand der Dünen. Das Meer ist im Hintergrund zu sehen. Der zugehörige Informationstext ist deutlich durch die drei Zwischenüberschriften gegliedert. Die Informationen des Textes sollen im Unterricht von den Schülern auf einem Stichwortzettel zusammengefaßt werden. Dazu ist selektives Lesen des gesamten Textes erforderlich. Die Zwischenüberschriften können bereits als übergeordnete Gesichtspunkte dienen (Angebote des Schullandheims, Freizeitmöglichkeiten auf Norderney, Erwartungen der Heimleitung). Übergeordnete Gesichtspunkte für den ersten Textteil könnten sein: Zweck der Information (erster Abschnitt); Wissenswertes über Norderney (zweiter Abschnitt). Zu diesen übergeordneten Gesichtspunkten können dann auf dem Stichwortzettel weitere Stichpunkte notiert werden. Ein solcher Stichwortzettel hat zum einen die Funktion der Merkhilfe, zum anderen könnte er dazu dienen, die Informationen in geordneter Weise weiterzugeben.

Mat. 2 – ein Schülerbericht über den Tagesablauf im Schullandheim – bietet eine weitere Möglichkeit für eine schriftliche Übung: die Schüler sollen daraus Angaben entnehmen, die für eine öffentliche Information an einem Wandbrett wichtig sind und damit den Text formulieren. Die Überschrift und die ersten Informationen (gegliedert nach Uhrzeit und Tätigkeit) sind nach dem Bericht angegeben. Eine Weiterführung dürfte keine Schwierigkeiten machen.

Unterrichtsverlauf

Vorphase:
Besprechung der Hausaufgabe

Die Besprechung der Hausaufgabe wird aufgrund der drei unterschiedlichen Aufgabenstellungen etwa 10 Minuten in Anspruch nehmen. Die erste Aufgabe (Brief) wird an den in der letzten Stunde genannten Kriterien gemessen (Anschrift, höfliche Anrede, Gruß am Schluß, Informieren über das Vorhaben, Bitte um entsprechendes Material). Die beiden anderen Aufgaben (Allgemeines über die Insel und Fahrtroute) sollten zur Information der anderen Schüler vorgetragen werden. Hierbei geht es um möglichst detaillierte Informationen. Damit kann sehr leicht zur nächsten Phase übergeleitet werden, in der die Schüler mit Mat. 1 einen Informationstext über das Schullandheim in Norderney erhalten. Damit verengt sich die Fragestellung von den allgemeinen Informationen über Norderney zu Informationen über das Schullandheim.

Phase 1:
Informationen erfassen

In dieser Phase geht es vor allem darum, Informationen, die die Abbildungen und der Text geben, zu erfassen. Der Bild-Text-Zusammenhang wird zweckmäßigerweise erst nach der jeweils isolierten Besprechung von Bild und Text erarbeitet.

19

Folgende wichtige Informationen sollen nachgewiesen werden: Gebäudekomplex, Strandnähe, Freizeitmöglichkeiten im Heim und außerhalb, Hausordnung, Regeln, Erwartungen der Heimleitung.

Phase 2:
Informationen ordnen

Hierbei geht es zunächst darum, die bereits vorgegebenen Ordnungskriterien zu erkennen (drei Überschriften) und weitere mögliche Überschriften zur inhaltlichen Kennzeichnung des ersten Teils zu formulieren (Vorschläge s. Stundenblatt). In einem weiteren Abstraktionsprozeß werden dann die Überschriften in nominale Ausdrücke umgeformt. Zu diesen Kurzüberschriften werden in Stillarbeit zur inhaltlichen Ausfüllung Stichwörter aus dem Text zusammengestellt (s. Stundenblatt). Diese schriftliche Aufgabe ist Mittelpunkt dieser Phase und der gesamten Stunde. Die Aufgabe soll dazu beitragen, daß Schüler lernen, gezielt und unter einem bestimmten Aspekt aus Texten Informationen zu entnehmen und diese zu gliedern. Diese Fertigkeit benötigt man auch außerhalb der Schule recht häufig.

Phase 3:
Informationen zusammenfassen und adressatengemäß darstellen

Zu Beginn der Phase werden die Schüler mit dem neuen Arbeitsmittel Mat. 2 vertraut gemacht. Das Lesen des relativ einfachen, bereits deutlich nach dem Ablauf des Tagesprogramms gegliederten Textes wird nur kurze Zeit in Anspruch nehmen.

Auch der Nachweis, daß dieser Text der Bericht eines Schülers ist, wird vermutlich schnell geleistet werden können, da der Text recht deutliche subjektive Beurteilungen und Kommentierungen enthält (dies sind vor allem ironische, doppeldeutige Bemerkungen). Nach der Besprechung teilt der Lehrer mit, daß aus dem Bericht eine Information über den Tagesablauf für ein Wandbrett erstellt werden soll. Vorab bespricht er mit den Schülern, was dabei zu beachten ist: im Hinblick auf eine eindeutige Information müssen alle überflüssigen und mehrdeutigen Passagen weggelassen werden. Die Darstellung soll übersichtlich sein. Die *Hausaufgabe* ist dann die Formulierung des Textes.

Stundenziele

- Bei der Besprechung von Schülerarbeiten erlernte Kriterien anwenden;
- Informationen, die ein Bild-Text-Zusammenhang gibt, erfassen und formulieren;
- diese Informationen ordnen und in sprachlich abstrakter Form (Nominalisierung) eine gegliederte Stichwortsammlung zusammenstellen;
- einen Schülerbericht über den Tagesablauf im Schullandheim auf seine Informationen befragen;
- die Informationen in eine übersichtliche und leicht lesbare Zusammenstellung für ein Wandbrett umsetzen.

3. Stunde:
Einen Weg beschreiben

Vorbemerkungen

Es geht in dieser Stunde um die traditionelle Aufsatzart *Wegbeschreibung:* ein Schüler im Schullandheim beschreibt einem Bekannten, der ihn besuchen will, den Weg von der Anlegestelle in Norderney zum Schullandheim. Die schriftliche Aufgabe ist hier in eine kommunikative Situation eingebettet, so daß die Person des Schreibenden (Schüler), die Absicht des Schreibenden (den Weg zum Schullandheim beschreiben) und der Adressat (Besucher) eindeutig sind. Da die Information in Form eines Briefes erfolgen soll, wird an die erste Stunde angeknüpft. Eine Wegbeschreibung muß so genau, vollständig und anschaulich wie möglich abgefaßt sein. Oft ist es sinnvoll, eine Skizze hinzuzufügen. Die schriftliche Beschreibung könnte dann sehr kurz sein und sich auf markante Punkte bzw. auf besondere Schwierigkeiten (Wegegabelung) beschränken. Dazu könnten Orientierungspunkte an der Straße oder im Gelände angegeben werden. Für die Wegbeschreibung ist, wie für Beschreibungen allgemein, eine sachliche Sprache angemessen. Die Begriffe müssen präzis sein. Es wird die Tempusform Präsens benutzt. Diese Form verweist darauf, daß der darzustellende Sachverhalt bzw. Vorgang gültig bleibt und wiederholbar ist. Außerdem lassen sich dadurch alle Einzelheiten unmittelbar vergegenwärtigen. Die Wegbeschreibung richtet sich zudem als eine Art Aufforderung an einen Adressaten, sich auf die beschriebene Weise zu orientieren, um das Ziel zu erreichen.
Das zentrale Arbeitsmittel Mat. 3 stellt als Hilfe eine Karte von Norderney bereit, auf der Hafen und Schullandheim

deutlich sichtbar sind. Einige zusätzliche Aufgaben (Kennzeichnung der Gebäude, Angaben zur Verkehrssituation) sind für die Wegbeschreibung zu verwerten. Ebenso ist der Anfang des Briefes vorgegeben. Mit Hilfe der Karte kann eine Skizze angefertigt werden. Die Skizze hat möglicherweise den Vorzug, daß Richtungs- und Ortsangaben knapper, deutlicher und anschaulicher dargestellt werden können als in einem neuen Text.
Mat. 3 bietet auch die Möglichkeit zu Variationen und Differenzierungen, die oben bereits angedeutet sind:
– mündliche Beschreibung des Weges in der Form eines Telefongespräches,
– Stichworttext als Wegbeschreibung (der unter Umständen die gleichen Informationen enthalten kann wie ein ausformulierter Text),
– beschriftete Skizze mit Kurzinformationen und knappen Erläuterungen.

Unterrichtsverlauf

Phase 1:
Inhalt und Zweck der Wegbeschreibung

In dieser Phase geht es vor allem darum, daß die Schüler die relativ komplex gehaltene Aufgabenstellung verstehen. Insbesondere soll der kommunikative Zusammenhang der Wegbeschreibung erfaßt werden. Sie ist für einen persönlich bekannten Adressaten gedacht, der den Schreiber im Schullandheim besuchen will. Die Wegbeschreibung soll zudem Teil eines Briefes sein, dessen Anfang vorgegeben ist. Die Leerstellen müßten entsprechend ausgefüllt werden, indem zum Beispiel zunächst der Kontakt zum Briefpartner aufgebaut wird (z. B. Freude über den bevorstehenden Besuch).

Phase 2:
Eine Wegbeschreibung verfassen

Diese Phase stellt den Kern der Stunde dar. Bevor die Schüler die Wegbeschreibung verfassen, werden im Unterrichtsgespräch einige Voraussetzungen und Intentionen dieser Textart geklärt. Dabei könnte auf Kenntnisse aus dem Erdkundeunterricht zurückgegriffen werden (Kartenlesen, Maßstab). Danach wird in Stillarbeit die Wegbeschreibung verfaßt. Um die Schüler nicht zu überfordern, sollen sie hier noch nicht den ganzen Brief verfassen, sondern zunächst den Mittelteil, die eigentliche Wegbeschreibung. Hierbei sollte allerdings schon der Adressat (Du) miteinbezogen werden: die Wegbeschreibung ist eine Form der Anleitung, die sich immer an einen Ansprechpartner wendet. Die Stillarbeit sollte etwa 10 Minuten dauern. Den im Stundenblatt angegebenen Anfang der Wegbeschreibung könnte man sich in folgender Weise fortgesetzt denken:

... Auf dieser gehst du etwa 1 km weit bis zu einer größeren Kreuzung, an der rechter Hand ein Parkplatz ist.
Auf der linken Seite zieht sich ein Wäldchen entlang. Hier wendest Du Dich nach links und bist jetzt auf dem Karl-Rieger-Weg, der nach etwa 500 m auf die Lippestraße mündet, die direkt nach Norden auf das Meer zu verläuft. Diese Straße mußt du jetzt gehen, kommst nach ca. 100 m an einem Reitstall vorbei und erreichst nach 200 m das große Gelände des Schullandheims.

Kriterien der Besprechung sind vor allem, ob die Informationen so deutlich, klar und unmißverständlich sind, daß nach der Wegbeschreibung der Weg auch tatsächlich gefunden werden kann. Zu fragen ist auch, ob wesentliche Orientierungshilfen (markante Gebäude, Kreuzungen, Parkplätze) genannt worden sind.

Phase 3:
Alternative Form einer Wegbeschreibung

In dieser Phase geht es um eine alternative Form der Wegbeschreibung. Nicht jede Wegbeschreibung muß ein ausformulierter Text sein. In dem Brief wäre auch eine mit Stichworten kommentierte Wegeskizze denkbar.
Wenn noch genügend Zeit vorhanden sein sollte, könnten die Schüler diese Wegeskizze (auf einem vom Lehrer bereitgestellten DIN-A4-Blatt) kurz entwerfen. Sonst könnte der Lehrer sie in groben Strichen an die Tafel bringen.
Da der Unterricht aber wahrscheinlich aus Zeitgründen mit der Erörterung der Wegbeschreibung selbst schließen wird, könnte als *Hausaufgabe* gestellt werden, die beiden Formen der Wegbeschreibung (zwei Gruppen) in den Brief einzubauen. Die ausführliche Fassung müßte dabei geschickt in den Brief integriert werden. Bei der Kurzfassung (Skizze mit Stichwörtern) genügt ein Zusatz: „Ich füge Dir zur Orientierung eine Wegskizze bei. Vom Hafen aus ist der Weg zum Schullandheim leicht zu finden." Als Alternative wäre auch sinnvoll, den Weg zu anderen, schwieriger zu beschreibenden Zielen darzustellen. Die Karte steht ja zur Verfügung. Als Vorschlag steht im losen Stundenblatt die Beschreibung des Weges zum Krankenhaus. Dazu läßt sich relativ leicht eine Situation erfinden: Einem leicht verletzten Schüler soll der Weg vom Schullandheim zum Krankenhaus beschrieben werden. Denkbar wäre auch (dies würde allerdings eine zusätzliche Übungsstunde erfordern) eine Wanderrallye durch den Ort Norderney zu beschreiben, wobei markante Sehenswürdigkeiten „angelaufen" werden.

Stundenziele

– Den kommunikativen Zusammenhang
  bei der Wegbeschreibung untersuchen:
  Inhalt, Zweck, Adressat, Medium;
– eine Wegbeschreibung verfassen;
– eine andere Möglichkeit der Wegbeschreibung (Skizze, Stichwörter) überlegen und durchführen;
– anhand der Karte andere Wegbeschreibungen durchführen, wobei der kommunikative Zusammenhang überlegt
  wird.

Einen Gegenstand beschreiben (4.–5. Stunde)

Eine Gegenstandsbeschreibung setzt eine
genaue Kenntnis des zu beschreibenden
Gegenstandes voraus. Fachausdrücke sind
zur präzisen Beschreibung notwendig, die
einzelnen Teile und Funktionen des Gegenstandes müssen deutlich in knapper,
sachlich gehaltener Sprache beschrieben
werden. Da es keinen Handlungsablauf
(wie bei der Beschreibung eines Vorgan-
ges) gibt, muß überlegt werden, in welcher Reihenfolge man vorgeht, z.B. vom
Allgemeinen zum Besonderen: Beschreibung des gesamten Gegenstandes (Farbe, Form, Größe), danach Beschreibung
der einzelnen Teile, oder man beginnt bei
einem besonders auffallenden, wichtigen
Teil und läßt danach erst die kleineren,
weniger wichtigen Teile, die erst bei nähe-
rer Betrachtung auffallen, folgen.
Wenn man sich als Adressat (Hörer oder
Leser) der Gegenstandsbeschreibung je-
manden vorstellt, der von diesem Gegenstand noch nie etwas erfahren hat, kann
man die einzelnen Bestandteile dieses Gegenstandes und seine Funktion besonders
deutlich beschreiben und man bemüht sich

um die notwendigen Fachbegriffe. Dies
ist außerdem eine sinnvolle Möglichkeit,
um seine Gedanken adressatenbezogen
zu ordnen. Der Sprecher/Schreiber muß
sich klarmachen, was der Hörer/Leser wissen und was er nicht wissen kann und
welche Erwartungen er hat. Die Funktion
eines solchen Adressaten übernimmt in
dieser zweistündigen Sequenz ein Südseehäuptling (vgl. Mat. 4). Seine Unkenntnis
des Gegenstandes soll die Schüler zu de-
taillierter Beobachtung und zu genauem
Beschreiben der Gegenstände motivieren
(Mat. 5: Schirm; Mat. 7: Fahrrad). Mit
Mat. 6 (Phantasiegegenstände) wird die
Intention dieser Sequenz weitergeführt
(fiktiver Adressat, fiktive Gegenstände).
Im einzelnen geht es um folgende Be-
schreibungselemente:
– Aussehen (Form, Farbe, Größe),
– Nutzen, Wert des Gegenstandes,
– Bestandteile,   Zusammenhang   und
  Funktion der einzelnen Teile für das
  Ganze.

Die Anwendung der in dieser Sequenz zu
lernenden Beschreibungstechniken dürfte
danach keine Probleme mehr bereiten.
Einen Gegenstand exakt zu beschreiben
wird bei unterschiedlichen schulischen
und außerschulischen Gelegenheiten gefordert, z. B.
– wenn man einen Gegenstand verloren
  hat und dieser anhand der Beschreibung wiedererkannt werden soll,
– wenn ein Gegenstand durch genaue Beschreibung empfohlen werden soll,
– wenn man einen Gegenstand kaufen
  will und dieser dem Verkäufer genau
  beschrieben wird (Beschaffenheit, Aussehen, Qualität).

In diesen Situationen kann das Beschreiben auch appellative Elemente enthalten,
da in der genauen Beschreibung auch auf
das Verhalten des Adressaten hingewirkt

werden soll. Die appellativen Bezüge sollen hier jedoch noch nicht im einzelnen herausgearbeitet werden. Das geschieht in der Unterrichtseinheit *Appellieren*.

Erweiterungsmöglichkeiten

Geübt werden könnte auch das Ausfüllen eines Fahrradpasses (s. S. 25) oder das Ausfüllen eines Formulars einer Verlustanzeige. Möglich ist auch im Bereich des mündlichen Sprachgebrauchs das Simulieren eines Verkaufsgesprächs, in dem einem Verkäufer ein gewünschter Gegenstand, dessen genaue Bezeichnung dem Kunden nicht bekannt oder entfallen ist, beschrieben wird.

Grobziele der Sequenz

– Einem Adressaten aus einer anderen Welt einen Gegenstand so beschreiben, daß die Beschreibung für diesen Gegenstand typisch ist;
– Phantasiegegenstände beschreiben.

4. Stunde:
Einen einfachen Gegenstand beschreiben

Vorbemerkungen

Ein immer wieder sich stellendes Problem bei diesem Unterrichtsthema ist es, wie man die Schüler zu genauer Beschreibung einfacher Gegenstände ihrer Umgebung motivieren kann. In der außerschulischen Umwelt gibt es für den Schüler viele Gelegenheiten, bei denen er Gegenstände genau beschreiben muß, z. B. wenn er einen Gegenstand verloren hat und ihn beschreiben muß, um ihn wiederzuerhalten

(Fundbüro), wenn ihm ein Kleidungsstück abhanden gekommen ist und er dieses (etwa beim Hausmeister der Schule oder in einer Verlustanzeige) beschreibt. Diese Situationen sind jedoch in der Regel zu geläufig und werden methodisch im Unterricht (zum Teil bereits in der Grundschule) so häufig genutzt, daß es sinnvoll ist, andersartige Kommunikationssituationen zur Beschreibung einzubeziehen. So eröffnet die Art und Weise, wie ein Südseehäuptling unsere Zivilisation erlebt (Mat. 4), eine gute methodische Möglichkeit. In dem Text werden die für uns selbstverständlichen Gegenstände aus einer andersartigen Sicht beschrieben. In diesem Textausschnitt lesen wir, wie ein Eingeborener uns Weiße und unsere Wohnkultur erlebt. Die Art seiner Sichtweise, die wir selbst nur noch künstlich einnehmen können, weil wir mit den Gegenständen unserer Zivilisation ganz natürlich groß werden, wirkt bisweilen kindlich und naiv, die Beschreibungen sind aber dennoch sehr genau und vor allem dazu angetan, über unsere Zivilisation nachzudenken. Im Unterricht ist es für den Schüler reizvoll, herauszufinden, um welche Gegenstände es sich handelt. Zur Beschreibung nutzt der Südseehäuptling Gegenstände aus seiner eigenen Umwelt, z. B. Steine (Backsteine, Mörtel, Dachpfannen); Hütte, aufrechte Truhe (Haus); durchlöchert (Fenster, Türen); viele Fächer (Etagen, Wohnungen).
Mat. 5 dient als Grundlage einer produktiven Aufgabe. An die Darstellung des Häuptlings anknüpfend sollen die Schüler den Schirm einem Menschen aus einer anderen Welt so genau beschreiben, daß die Merkmale übertragbar sind auf den Gegenstand Schirm allgemein. Damit werden die Schüler zu einer sehr genauen Beschreibung angeleitet. Es muß also zum Beispiel auf den Haltegriff eingegangen werden, auf die längere Stange, an der

Tips der Polizei:

<u>Fahrrad immer richtig gegen Diebstahl sichern:</u> Rahmen möglichst samt Vorder- oder Hinterrad mit Stahlkabel, -bügel oder -kette an feststehenden Gegenstand (z. B. Zaun) anschließen. Das Speichenschloß allein genügt auch bei kurzer Abwesenheit nicht.

<u>Werkzeug aus Werkzeug- oder Satteltaschen nehmen.</u> Denn zurückgelassenes Werkzeug erleichtert dem Dieb das Abmontieren von Fahrradteilen.

Herausgeber:
Innenministerium Baden-Württemberg, im Auftrag der Innenminister/-senatoren des Bundes und der Länder

Fahrradpaß

<u>bitte sofort vollständig ausfüllen und sicher aufbewahren:</u>
Denn viele gestohlene Räder werden von der Polizei wiedergefunden. Mit dem Fahrradpaß kann man sein Rad eindeutig beschreiben und erhöht damit die Chance, es wieder zurückzuerhalten. Außerdem ist der Fahrradpaß nützlich, wenn man den Diebstahl des Fahrrades der Versicherung meldet.

_____

Name

_____

Straße

_____

PLZ/Wohnort
Wasserfestes Spezialmaterial. Nur mit Kugelschreiber ausfüllen.

Fahrrad-beschreibung:

Bitte alles Zutreffende ankreuzen ☐

Art des Rades:

☐ Kinderrad   ☐ Jugendrad

☐ Damenrad   ☐ Herrenrad

☐ Sportrad   ☐ Rennrad

☐ Klapprad   ☐ _____

Marke und Modell des Rades: _____

_____

_____

Farbe des Rahmens: _____

Farbe der Schutzbleche: _____

Reifenmarke und -größe:
(s. Reifenmantel) _____

_____

Kaufdatum: _____ Kaufpreis: _____

Rahmen-Nummer:

Nummer ist entweder am Tretlager, an der hinteren Gabel, oder am Sattelkopf. Falls nicht vorhanden, nachträglich Nummer (z. B. Geburtsdatum) einschlagen lassen.

Sattelform:

☐ Sport   ☐ Renn   ☐ Standard

Gangschaltung:

☐ Nabenschaltung mit _____ Gängen

☐ Kettenschaltung mit _____ Gängen

☐ Ohne

Zubehör/Besonderheiten:

☐ Tacho, Marke _____

☐ Lenkerumwicklung, Farbe _____

☐ Bowdenzugumwicklung, Farbe ____

Sonstiges: _____

Beschädigungen: _____

oben eine flache kreisförmige Bespannung befestigt ist, die vor dem Naßwerden schützt. Eine solche Beschreibung könnte etwa so aussehen:

Ein wichtiger Teil dieses Gegenstandes ist ein langer Stab, der, hält man ihn in der Hand, über den Kopf hinausragt. Er ist unten gebogen, damit man ihn gut in der Hand halten kann. Der Stab kann aus Holz sein oder aus einem Material, das noch viel fester ist als Holz, man nennt dieses Material Stahl. Am oberen Ende ist eine kreisförmige Plane befestigt. Sie wird durch weitere kleine Stäbe festgehalten, die im oberen Teil des dicken mittleren Stabes zusammenkommen und dem kreisförmigen Gebilde aus Stoff den Halt geben. Wenn es regnet, hält man diesen Gegenstand so hoch über dem Kopf, daß der runde Teil den Regen abhält. Wenn es nicht mehr regnet, kann man mit Hilfe der kleinen Stäbe den Stoff zusammenklappen, indem man einen Ring, an dem die kleinen Stäbe am Hauptstab zusammenkommen, nach unten zieht. Man nennt diesen Gegenstand Schirm.

Mit Mat. 6 wird der einmal eingeschlagene methodische Weg weitergeführt, indem ein Phantasiegegenstand beschrieben werden soll. Die äußeren Merkmale sollten sehr präzise beschrieben werden. Bei der Darstellung der Funktion und der besonderen Vorzüge könnten die Schüler ihrer produktiven Kreativität freien Lauf lassen.

Unterrichtsverlauf

Phase 1:
Eine Beschreibung „entschlüsseln"

In dieser Phase geht es insbesondere darum, den methodischen Zugriff aufzubauen, einem Adressaten aus einer anderen Welt Aussehen und Funktion eines Gegenstandes so zu beschreiben, daß diese Beschreibung übertragbar ist auf alle Gegenstände dieser Art. Die Schüler lesen zunächst den Text mit einem offenen Arbeitsauftrag (Achtet darauf, wie der Südseehäuptling unsere Häuser beschreibt!). Als alternativer Einstieg in die Stunde wäre allerdings auch die häusliche Lektüre von Mat. 4 möglich, wobei dann allerdings eine weniger offene Arbeitsaufgabe gegeben werden könnte (Mit welchen Ausdrücken beschreibt der Südseehäuptling unsere ihm fremdartigen Häuser und Wohnungen?).

Im Unterrichtsgespräch werden die von dem Häuptling gebrauchten Ausdrücke zunächst aus den beiden ersten, leicht überschaubaren Abschnitten herausgesucht, um sie danach in einem Tafelanschrieb (s. Stundenblatt) den uns gebräuchlichen Begriffen gegenüberzustellen. Für die eigenen Schreibversuche in Phase 2 ist es wichtig, die Stellen des Textes zu nennen, wo der Häuptling einen Begriff aus unserer Zivilisation benutzt. In ähnlicher Weise könnten dann nämlich auch die Schüler bei ihren eigenen Schreibversuchen vorgehen, indem sie nach einer allgemeinen anschaulichen Kennzeichnung einen Fachbegriff „einführen" (Dies nennt man . . .).

In der Partnerarbeit, die die Phase 1 abschließt, sollen die Schüler aus den noch nicht bearbeiteten Abschnitten des Textes Ausdrücke des Häuptlings und die üblichen Begriffe unserer Sprache gegenüberstellen.

Phase 2:
Einen einfachen Gegenstand beschreiben

Nachdem die Schüler erfahren haben, in welcher Weise der Südseehäuptling unsere Zivilisation darstellt, sind sie in der Lage, für ihn als Adressaten den Gegenstand „Schirm" (Mat. 5) so darzustellen (Aussehen und Funktion), daß diese Beschreibung das Typische und Wesentliche des Schirms herausstellt. Zur Vorbereitung der schriftlichen Arbeit ist ein Unterrichtsgespräch eingeschoben. Dabei sollen die Begriffe, die nötig sind, um das Typische des Schirms herauszuarbeiten (längere Stange, kleinere Stangen, kreisförmige Stoffbespannung ...) schon einmal erarbeitet werden. Erfahrungsgemäß haben Schüler oft Schwierigkeiten mit dem Anfang. Der Lehrer könnte hier eine Hilfe geben, z. B.: Auffälligstes Merkmal dieses Gegenstandes ist eine lange Stange. Unten ist diese Stange gebogen, damit man sie gut festhalten kann ...

Die Stillarbeit sollte nicht länger als 10 Minuten dauern. Kriterium der Besprechung ist die Vollständigkeit der Beschreibung (Aussehen, Funktion), die Berücksichtigung des Adressaten (für ihn verständlich?) und schließlich die Frage, ob die Beschreibung das Wesentliche und Typische trifft, so daß sie für Schirme allgemein gelten kann.

Als *Hausaufgabe* soll Mat. 6 dienen. Inhaltlich wird mit einem der Phantasiegegenstände an das Thema *Schirm* angeknüpft. Die Schüler können von der Situation ausgehen, daß der Adressat den normalen Schirm kennt, den hier abgebildeten Familienschirm aber noch nicht. Entsprechend könnte der Anfang der Beschreibung folgendermaßen aussehen: Dieser Schirm stellt eine ganz besondere Art dar. In der Mitte der Stange des bereits bekannten Hauptschirms geht eine Querstange mit zwei weiteren kleineren Schirmen ab. Der Hauptschirm heißt so, weil er meistens vom Familienoberhaupt getragen wird ...

Eine Alternative stellt die Spaghettigabel dar. Auch hier soll vorausgesetzt werden, daß dem Adressaten die normale Gabel bekannt ist.

Stundenziele

– Die Art und Weise, wie ein Südseehäuptling unsere Häuser und Wohnungen beschreibt, erklären und seine Begriffe den in unserer Sprache üblichen Begriffen zuordnen;
– einen Schirm für einen Menschen aus einer anderen Welt so beschreiben, daß Aussehen, Merkmale und Funktionsweise auf Schirme allgemein übertragbar ist;
– einem Adressaten Phantasiegegenstände in ihrem Aussehen und ihrer Funktion beschreiben.

5. Stunde:
Einen komplexen Gegenstand und seine Funktion beschreiben

Vorbemerkungen

In dieser Stunde wird das durch den Bericht des Südseehäuptlings (Mat. 4) eingeführte methodische Prinzip, für einen gleichsam durch unsere Erfahrungen unbelasteten Adressaten aus einer anderen Welt das Typische eines Gegenstandes in allen Einzelheiten darzustellen, wiederaufgenommen und weitergeführt. Die Aufgabe ist allerdings schwieriger als die der 4. Stunde, weil es in ihr darum geht, nicht nur das Aussehen eines Fahrrades, sondern auch seine Funktion und seine Handhabung, die aufwendiger ist als beim Schirm, darzustellen. Bei der Beschreibung des Gegenstandes für einen Adressaten aus einer andern Welt muß sich der Schreiber um Elementarisierung bemühen, er muß das Typische und für jedes Fahrrad Gültige beschreiben.

Mat. 7 stellt als Hilfe für eine solche Beschreibung die Abbildung eines einfachen

Fahrrades bereit. Ein möglicher Anfang der Beschreibung ist vorgegeben und kann vom Schüler genutzt werden. Denkbar wäre folgende Lösung:

Mit diesem Gerät kann man sich schneller fortbewegen, als wenn man zu Fuß geht. Es besteht aus einem Gestell mit zwei Rädern. Man setzt sich auf einen flachen Gegenstand, den man Sattel nennt und hält sich mit den Händen jeweils an den Enden eines kurzen Stabes fest, der quer zur Fahrtrichtung verläuft. Dieser Stab heißt Lenker. Man hält sich allerdings nicht nur daran fest, sondern kann beim Fahren damit durch leichte Drehungen nach rechts oder links die Richtung bestimmen. Das Gerät hat unten, vom Sattel aus etwas weiter vorn, eine runde Kurbel, über die nach hinten eine Verbindung, man nennt sie Kette, zum hinteren Rad verläuft. An der Kurbel sind, jeweils an einem kurzen Stab, zwei Stützen für die Füße angebracht, sie heißen Pedale. Beim Fahren stellt man die Füße darauf und setzt die Kurbel in Bewegung, dadurch dreht sich die Kette und überträgt die Bewegung auf das hintere Rad, wodurch das gesamte Fahrrad in Bewegung gesetzt wird. Über den Rädern sind im oberen Teil dünne, nach innen gebogene Bleche angebracht. Wie ihre Bezeichnung Schutzblech schon verdeutlicht, sollen sie den Fahrer bei schlechtem Wetter vor Schmutz schützen. Über dem hinteren Schutzblech sitzt eine Vorrichtung, auf der man kleinere Lasten und Gepäckstükke befestigen und transportieren kann. Dieses Gerät heißt Gepäckträger.

Eine Weiterführung der Thematik im Sinne einer lebenspraktischen Anwendung bietet sich als zusätzliche Übung an, z. B. die Beschreibung des eigenen Fahrrades bei einer Verlustmeldung (Polizei/Fundamt) oder Ausfüllen eines Fahrradpasses (vgl. S. 25).

Die Abb. in Mat. 8 ermöglicht den Schü-

lern wiederum (vergleichbar den Phantasiegegenständen [Mat. 6] in der 5. Stunde!) ein kreatives Schreiben (ein Phantasiegegenstand wird in Aussehen und Funktion dem Patentamt vorgestellt). Hier soll insbesondere die Andersartigkeit beschrieben werden, z. B.: Sattel als Liegebrett; bequemer, aus dem Liegen zu bedienender langer Lenker, mit dem es allerdings nicht möglich ist, enge Kurven zu fahren; bequeme Tretkurbel, die dort sitzt, wo bei einem normalen Fahrrad der Lenker ist. Da hier als Adressat das Patentamt vorgesehen ist und nicht eine Person aus einer anderen Welt, darf mit der normalen Fachbegrifflichkeit gearbeitet werden. Im Unterricht ist darauf zu achten, daß die Beschreibung dieses neuen Fahrradmodells nicht unter der Hand zu einem appellierenden Text wird, gleichsam eine Werbung für ein äußerst bequemes Fahrrad durch Herausstreichen der Vorzüge dieses Modells. Demgegenüber sollte auch hier die eher nüchterne Beschreibung von Aussehen und Funktionsweise im Vordergrund stehen.

Unterrichtsverlauf

Vorphase:
Kontrolle der Hausaufgaben

Die Besprechung der Hausaufgabe in der Vorphase sollte etwa 5–10 Minuten in Anspruch nehmen. Jeweils eine Arbeit zu den beiden Phantasiegegenständen sollte verlesen werden. Vorausgesetzt wurde, daß der Adressat den normalen Schirm bereits kennt. Es dürfen also Fachbegriffe (wie z. B. Bespannung, metallverstärkter Mittelstab, Führungsring, Griff) benutzt werden. Falls der Lehrer bereits bei der Planung der Stunde sieht, daß er zeitlich nicht zurechtkommt, sollte er die Vorphase weglassen und die Kontrolle der Hausaufgabe auf andere Weise bewerkstelligen (z. B. einige Schülerhefte mit nach Hause nehmen).

Phase 1:
Das Fahrrad und seine Bestandteile benennen

In dieser Phase wird noch einmal kurz auf die in der 4. Stunde eingeführte Kommunikationssituation – der Südseehäuptling als Adressat der Beschreibung – zurückgegriffen. Die Beschreibung des Fahrrades (Mat. 7) und seiner Funktionsweise ist allerdings schwieriger als die Beschreibung des Schirms.

Der Lehrer sollte daher nachdrücklich auf die Kommunikationssituation hinweisen: einem Menschen aus einer anderen Welt sollen die einzelnen Fahrradteile und ihr Zusammenwirken anschaulich und ohne die uns bekannten Fachbegriffe beschrieben werden. Dazu werden den uns geläufigen Begriffen die Kennzeichnung für den Südseehäuptling gegenübergestellt, z. B.:
Fahrrad – Gerät zur Fortbewegung;
Rahmen – Gestell;
Lenker – quer laufender Stab.
Da in der nächsten Phase eine schriftliche Beschreibung des Fahrrades gefordert ist, sollten die Kennzeichnungen für den Südseehäuptling als Hilfe für die Schüler an die Tafel geschrieben werden. Bei der Kennzeichnung der Einzelteile werden die Schüler wahrscheinlich auch bereits die Funktion dieser Teile ansprechen (z. B. gepolsterter Teil, auf dem man sitzt).

Phase 2:
Zusammenhang der Bestandteile und Funktionsweise beschreiben

Diese Phase stellt mit der schriftlichen Beschreibung des Fahrrades und seiner Funktion den Kern der Stunde dar. Die Schüler sollten bei ihrer Beschreibung auf den Tafelanschrieb (s. Phase 1) zurückgreifen. Übernommen werden soll auch der Anfang der Beschreibung (Mat. 7). Mit diesem Anfang wird den Schülern signalisiert, daß Fachbegriffe benutzt werden können, um ein Fahrradteil anschaulich und dem Adressaten angemessen zu beschreiben.

Die Stillarbeit sollte etwa 10–12 Minuten dauern. Mehr Zeit wird für einen ersten Entwurf deshalb nicht notwendig sein, weil der Anfang gegeben und in Phase 1 entsprechend vorgearbeitet worden ist. Am schwierigsten – dies wird gewiß auch die kurze Besprechung erweisen – ist die Beschreibung, wie einzelne Teile bei der Fortbewegung zusammenwirken (Tretkurbel, Kette, Hinterrad). Hierauf sollte dann auch der Schwerpunkt der Besprechung liegen.

Phase 3:
Hausaufgabe vorbereiten

Diese Phase dient der Vorbereitung der Hausaufgabe. In möglichst kurzer Zeit sollen dafür einige Hilfen bereitgestellt werden. Dies dürfte nicht allzu schwierig sein, da die Aufgabe – Mat. 8 – eine ähnliche Leistung verlangt wie Mat. 6 (es geht auch hier um einen Phantasiegegenstand). Die Beschreibung ist für das Patentamt gedacht. Deshalb können entsprechende Fachbegriffe benutzt werden. Falls der Lehrer in Phase 3 in Zeitdruck gerät, weil möglicherweise Phase 2 länger als vorhergesehen dauerte, sollte er entsprechend umdisponieren. In diesem Falle wäre es sinnvoll, die Überarbeitung bzw. Fortsetzung des in Phase 2 erarbeiteten Entwurfs als Hausaufgabe zu geben. Mat. 8 könnte man dann als Differenzierungsaufgabe für die Schüler nutzen, die bereits in Phase 2 fertig geworden sind, oder aber in einer zusätzlichen Übungsstunde einsetzen.

Stundenziele

– Für einen Adressaten aus einer anderen Welt einen ihm unbekannten komplexen Gegenstand (Fahrrad) in seinen Bestandteilen und seiner Funktion beschreiben;
– Aussehen, Handhabung und Funktion eines Phantasiefahrrades für das Patentamt darstellen.

Einen Vorgang beschreiben (6.–8. Stunde)

Auch bei der Vorgangsbeschreibung ist eine klare, sachlich gehaltene Sprache wichtig. Da der Vorgang, z. B. einen Drachen bauen, wiederholbar ist, ist auch hier das Präsens die angemessene Tempusform. Im Gegensatz zur Gegenstandsbeschreibung spielt hier die zeitliche Reihenfolge des Vorgangs eine zentrale Rolle. Der logische Zusammenhang der Einzelschritte, die in ihrem Aufbau und in ihrer Beziehung zueinander den Gesamtvorgang kennzeichnen, muß beachtet werden. Man kann die Vorgangsbeschreibung sprachlich unterschiedlich abfassen. Zur Beschreibung mancher Vorgänge reichen Stichwörter, die nach der Reihenfolge im Ablauf gegliedert sind, oder Sätze mit Verb im Infinitiv (zum Beispiel bei Kochrezepten).

Wählt man bei einem ausführlichen Text das Personalpronomen „du" als Anrede für einen imaginären Adressaten, betont man stärker den kommunikativen, vielleicht auch auffordernden Aspekt bei der Beschreibung. Der Gebrauch der ersten Person „ich" oder „wir" zur Bezeichnung des Sprechers kann bewirken, daß sich der Hörer/Leser mit dem Sprecher/Schreiber identifiziert, so daß er möglicherweise

zum Nachvollzug des Vorgangs motiviert wird.

Man kann eine Vorgangsbeschreibung auch allgemein und relativ unpersönlich mit „man" abfassen.

Bei komplizierten Formen der Vorgangsbeschreibung (z. B. Spielanleitungen) müssen die einzelnen Teile besonders deutlich miteinander verknüpft und aufeinander bezogen werden. Dies geschieht mit Hilfe von Zeitadverbien wie: daraufhin, danach, zunächst. Eine logische und zeitliche Verknüpfung ist auch mit Gliedsätzen möglich, indem Konjunktionen benutzt werden: sobald, nachdem, wenn, weil.

Als besondere Form der Vorgangsbeschreibung wird in dieser Unterrichtssequenz die Bastelanleitung herausgestellt (Mat. 9 und Mat. 10). Außerdem geht es um eine Anleitung zum Töpfern (Mat. 11). Mit Mat. 12 (Beschreiben eines Phantasiegerätes) wird der spielerisch-kreative Aspekt betont.

Im Alltag gibt es etliche Situationen, in denen Vorgangsbeschreibungen gelesen werden müssen (z. B. Anleitungen für die Benutzung eines Gerätes; Zusammenbauen von Möbelteilen) bzw. nach einer festgelegten Reihenfolge ein Vorgang ausgeführt werden muß (z. B. ein Zimmer tapezieren; ein Gerät reparieren). Die folgende Auflistung präsentiert Themen für Vorgangsbeschreibungen, die für zusätzliche Übungen oder auch für Klassenarbeiten geeignet sind:

Wie ich ein Zimmer tapeziere
Wie ich einen Schal stricke
Wie ich ein Baby wickle
Wie ich ein Auto wasche
Wie ich den Rasen mähe
Wie ich eine Blume umtopfe
Wie ein Aquarium/Terrarium eingerichtet wird
Wie man einen Drachen baut
Wie eine Hecke geschnitten wird.

Grobziele der Sequenz

- Erkennen, nach welchen Kriterien ein Vorgang beschrieben wird;
- Vorgangsbeschreibungen verfassen und dabei die gelernten Kriterien anwenden.

6. Stunde:
Wie man einen Vorgang beschreibt

Vorbemerkungen

Diese in die Sequenz „Vorgangsbeschreibung" einführende Stunde hat vor allem das Ziel, Kriterien für die Vorgangsbeschreibung zu gewinnen. Hierzu wird methodisch kontrastiv gearbeitet: dem Schüler wird ein positives und ein negatives Beispiel vorgestellt, um ihm damit die wichtigsten Kriterien für eine Vorgangsbeschreibung augenfällig zu machen. Diese Aufgabe übernimmt Mat. 9 (Wichtelfamilie). Das positive Beispiel zeigt, worauf es ankommt:

- Reihenfolge (acht Abschnitte, die den Vorgang der Entstehung des Bastelprodukts verdeutlichen),
- Genauigkeit (Maße, Material, detaillierte Angabe der einzelnen Tätigkeiten),
- Anschaulichkeit (durch zusätzliche Skizzen),
- Stimmigkeit in der Form (Tempusform ‚Präsens', direkte Ansprache des Adressaten: 2. Person des Personalpronomens).

Das Negativbeispiel macht deutlich, was auf alle Fälle zu vermeiden bzw. was weniger gelungen ist:

- erzählende Elemente,
- ungenaue Angaben (keine Größen- und Maßangaben, keine genaue Abfolge der Tätigkeit),
- eine Veranschaulichung durch Bild fehlt,
- formale und sprachliche Schwächen (Perfekt statt Präsens, mal direkte Anredeform [2. Person], mal 1. Person des Personalpronomens).

Mit Mat. 10 – Stichwörter für eine Bastelanleitung – wird eine relativ einfache Aufgabe zur Anwendung ermöglicht: Die Reihenfolge ist vorgegeben, der Sachverhalt durch bildliche Darstellung verdeutlicht, Alternativen für die Formulierung sind angegeben. Der Schüler hat also die Aufgabe, aus den Angaben einen Text zu gestalten. Dies ist für die erste Stunde der Sequenz eine leichte, aber angemessene Aufgabe. Es kommt darauf an, die einzelnen Teile zu einem Text zu verknüpfen, indem insbesondere durch Gebrauch der Zeitadverbien (zuerst, jetzt . . .) das zeitliche Nacheinander der Tätigkeiten betont wird. Die Bastelanleitung dürfte auch insofern für Schüler einer 5./6. Klasse interessant sein, als sie das physikalisch-technische Interesse anspricht und zum Basteln eines Tauchers motiviert.

Unterrichtsverlauf

Phase 1:
Vorgänge in unserer Umwelt beschreiben

In dieser Phase geht es darum, die Schüler in einem relativ offen gehaltenen Unterrichtsgespräch auf das Thema „Vorgänge beschreiben" hinzuführen. Der Lehrer könnte zum Beispiel den Unterricht dadurch einleiten, daß er eigene Erfahrungen mit Vorgangsbeschreibungen wiedergibt (etwa Schwierigkeiten beim Zusammenbauen von Möbelteilen nach einer Vorgangsbeschreibung). Auf jeden Fall sollten in dieser Phase auch die Schüler zu Wort kommen, um entsprechende eigene Erfahrungen wiederzugeben und Situationen aus ihrer Umwelt zusammenzustellen, bei denen sie mit Vorgangsbeschreibungen zu tun haben (z. B. beim Spielen, Basteln, Bedienen von Automaten).

Phase 2:
Zwei Vorgangsbeschreibungen miteinander vergleichen

Diese Phase stellt den Kern der Stunde dar. Es geht darum, erste Kriterien für die Vorgangsbeschreibung zu erarbeiten. Aus dem Vergleich einer gelungenen mit einer nicht gelungenen Fassung einer Bastelanleitung sollen die Kriterien für den Schüler besonders deutlich werden: klare Reihenfolge der einzelnen Tätigkeiten, sachlich, genau, Angabe von Maßen und Materialien, Tempusform Präsens, adressatengemäße Darstellung. Die Schüler lesen zunächst die beiden Beschreibungen (Mat. 9). Nach der Lektüre äußern sie frei ihre Meinung dazu. Es dürfte ihnen wohl kaum Schwierigkeiten machen, die Vorzüge der gelungenen Fassung herauszustellen. Herausgearbeitet werden sollte insbesondere:
Klare Übersicht aufgrund deutlicher Gliederung; jeder Abschnitt nennt die jeweilige Tätigkeit (zeichne, schneide . . .); Anschaulichkeit durch Bilder; Angaben zu Materialien und Maßen; Tempusform Präsens).
Im letzten Teil des Unterrichtsgesprächs sollte auch auf die sprachliche Form eingegangen werden. Die Vorgangsbeschreibung verlangt eine klare, unmißverständliche Sprache. Die nicht gelungene Fassung zeigt Anklänge an eine Erzählung (Ich-Form in Verbindung mit Perfekt). Die Aufgabe der Beschreibung ist aber nicht, den Adressaten eigene Gefühle miterleben zu lassen oder gar, wie bei der Erzäh-

lung, Spannung zu erzeugen. Schließlich sollten die Verbformen unter die Lupe genommen werden und die unterschiedlichen Möglichkeiten – schneide!; ich schneide; du schneidest; man schneidet – erprobt werden. Die Schüler werden feststellen, daß auch diese Verbformen möglich sind. Eventuell könnte der Lehrer noch fragen, bei welchen Formen der Bezug zum Adressaten intensiver ist (,schneide!/man schneidet' versus ,ich schneide/du schneidest'). Am Ende dieser Phase steht die Zusammenfassung der Kriterien der Vorgangsbeschreibung (Tafelanschrieb, s. Stundenblatt).

Phase 3:
Nach Stichwörtern eine Bastelanleitung erstellen

In dieser Phase wird die Aufgabe besprochen, Stichwörter (s. Mat. 10) zu einer ausformulierten Vorgangsbeschreibung „zusammenzubinden". Die Vorgaben sind ausführlich. Die Wahl der entsprechenden Verbform und der Zeitadverbien (Vorschläge dazu ebenso in Mat. 10) ist dem Schüler überlassen. Die starken Hilfen sind dadurch gerechtfertigt, daß die Schüler an dieser Stelle zum erstenmal selbst eine Vorgangsbeschreibung verfassen. Die Schüler formulieren die Anleitung als *Hausaufgabe* aus. Zur Information für den Lehrer sei im folgenden die entsprechende Vorgangsbeschreibung aus einem Fachbuch gegeben:

32

Der Wasserkobold

In ein Metall- oder Plastikröhrchen mit hermetisch schließendem Deckel stichst du mit einer Nadel ein Loch in den Boden. Dann belädst du das Röhrchen mit einem Gewicht (Murmel, Münze, Bleikugel), setzt es ins Wasser und füllst es so hoch mit Wasser auf, wie es dir die Zeichnung zeigt. Den Kobold schneidest du aus dünner Metallfolie und setzt ihn in sein Gehäuse. Der Kobold mit Gehäuse wandert in einer Flasche mit weitem Hals. Du füllst sie bis zum Rand mit Wasser und verschließt sie fest mit einem Stück Plastik. Was passiert, wenn du nun mit dem Handballen auf die Plastikfolie drückst? Luft läßt sich zusammenpressen, Wasser aber nicht. Das Wasser in der Flasche muß sich also einen Ausweg suchen. Es dringt durch das kleine Loch in das Röhrchen ein und preßt die Luft in dem Röhrchen zusammen. Das nun mit mehr Wasser gefüllte Röhrchen ist schwerer geworden und sinkt auf den Grund. Jetzt nimmst du die Hand fort, damit wird der Druck wieder geringer. Die Luft kann sich wieder ausdehnen und drängt das Wasser aus dem Röhrchen, das nun leichter wird und wieder nach oben steigt.

Aus: Spielzeug zum Selberbasteln. Fischer Taschenbuch-Verlag, Frankfurt/M 1975, S. 55

Stundenziele

- Situationen für Vorgangsbeschreibungen nennen;
- aus dem Vergleich einer gelungenen und einer nicht gelungenen Vorgangsbeschreibung allgemeine Kriterien für die Abfassung von Vorgangsbeschreibungen gewinnen;
- Stichwörter zu einer Vorgangsbeschreibung ausformulieren.

7. Stunde:
Verknüpfung und Reihenfolge

Vorbemerkungen

Im Mittelpunkt dieser Stunde steht das spezielle Problem bei der Vorgangsbeschreibung, einen Sachverhalt in einer bestimmten Reihenfolge darzustellen und die Teilvorgänge sinnvoll sprachlich zu verknüpfen. Waren in der 6. Stunde die Möglichkeiten zur Verknüpfung einzelner Teile einer einfachen Vorgangsbeschreibung vorgegeben (Mat. 10), so steigern sich in dieser Stunde mit Mat. 11 die Anforderungen: Der Sachverhalt ist schwieriger, es kommt auf eine genaue Reihenfolge und auf Beachtung der einzelnen Details an. Die Fachbegrifflichkeit nimmt zu.

Im Kunstunterricht stellt die in Mat. 11 vorgestellte Technik, aus Wülsten einen Tontopf zu formen, eine Grundtechnik dar. Möglicherweise ist sie einigen Schülern schon bekannt. Diese Vorerfahrungen können den Schülern die Ausführung des Arbeitsauftrages, eine Anleitung dazu zu schreiben, erleichtern. Bei diesem Auftrag wird von den Schülern vor allem gefordert, selbständig passende Adverbien zur Verknüpfung der Teilvorgänge zu finden. Die Vorgabe (direkte Anrede des Adressaten) soll weitergeführt und für eine übersichtliche Darstellung sollen Abschnitte berücksichtigt werden.

Unterrichtsverlauf

Vorphase:
Die Hausaufgabe besprechen

Die Besprechung der Hausaufgabe sollte nicht länger als etwa zehn Minuten dauern. Wenigstens zwei Schülerarbeiten sollten vorgelesen und anschließend begutachtet werden. Kriterien der Besprechung: s. Stundenblatt.

Phase 1:
Den dargestellten Vorgang untersuchen

In dieser Phase, an deren Anfang das Lesen des Basis-Arbeitsmittels Mat. 11 steht, geht es zunächst darum, den Inhalt der Anleitung zu verstehen; diese Anleitung ist im Vergleich zu den in der letzten Stunde bearbeiteten Materialien schwieriger.
Im Unterrichtsgespräch (vgl. die Fragen im losen Stundenblatt) sollte besonderer Wert auf die Herausarbeitung der Fachbegriffe gelegt werden (z. B. Spanplatte, Modellierholz, Wulstringe). Bei der Verknüpfung der einzelnen Teilvorgänge zu einem Text sollte bei auftretenden Schwierigkeiten wiederholend auf die letzte Stunde zurückgegriffen werden, indem auf die dort genannten Zeitadverbien verwiesen wird (z. B. jetzt, zuerst), gegebenenfalls könnten auch zusätzliche Adverbien genannt werden (z. B. schließlich, zuletzt).

Phase 2:
Eine Vorgangsbeschreibung anfertigen

Diese Phase stellt den Kern der Stunde dar. Die Schüler sollen die Vorgangsbeschreibung zu Ende führen (vorgegebener Anfang s. Mat. 11). Die darin gebrauchte Verbform soll durchgehalten werden. Die Stillarbeitszeit selbst wird etwa 10–12 Minuten einnehmen können. Bei der Besprechung einzelner Schülerarbeiten (während der Stillarbeit sollte der Lehrer bereits einige zum Vorlesen geeignete typische Arbeiten ins Auge fassen) könnte vor allem das Kriterium im Mittelpunkt stehen, ob die Verknüpfung der Einzeltätigkeiten gelungen ist und ob die Beschreibung gut gegliedert ist. Zum Vergleich für den Lehrer hier eine Version aus einem Fachbuch (s. S. 35).

Es könnte durchaus sein, daß in der einen oder anderen Schülerarbeit bereits andere Verknüpfungsmöglichkeiten als die empfohlenen auftauchen. So könnten z. B., statt mit Zeitadverbien Sätze zu bilden, Satzgefüge mit temporalen Konjunktionen gebildet werden. Wenn noch Zeit vorhanden ist, sollte der Lehrer darauf eingehen und den Schülern diese zusätzliche Verknüpfungsmöglichkeiten bewußt machen. Sinnvoll ist eine Gegenüberstellung an der Tafel:
Jetzt bereitest du weitere Wülste vor. Danach setzt du auf die Bodenplatte einen Wulstring auf.
Nachdem du weitere Wülste vorbereitet hast, setzt du auf die Bodenplatte einen Wulstring auf.

Der Begriff *Konjunktion* muß nicht gegeben werden, da er wahrscheinlich aus dem Grammatikunterricht noch nicht bekannt ist. Der den Schülern bekannte Begriff *Bindewort* wird hier die Funktion der satzverknüpfenden Wörter hinreichend verdeutlichen. Ebenso nicht notwendig ist eine Erörterung des grammatischen Problems Adverbiale als Gliedsatz mit der subordinierenden Konjunktion versus Adverbiale als adverbielle Bestimmung der Zeit. Da dieses grammatische Phänomen in Klasse 7 abgehandelt wird, reicht es, wenn der Lehrer feststellen läßt, daß das eine Mal zwei einzelne Sätze (Hauptsätze) aufeinander bezogen werden und

Johann Fricke: Arbeiten mit Ton

Aus einem Tonklumpen rollen wir einen möglichst gleichmäßigen etwa fingerdikken Wulst. Nachdem wir die Enden, in denen sich möglicherweise Lufteinschlüsse befinden, abgeschnitten haben, rollen wir den Wulst spiralförmig zu einer Bodenplatte von gewünschter Größe.

Als Arbeitsunterlage benutzen wir am besten eine trockene Gipsplatte oder ein Stück Spanplatte das wir uns leicht in gewünschter Größe zuschneiden können. Unser Werkstück bleibt so nicht am Tisch kleben, und wir können es mit dieser Unterlage leicht in jede Richtung drehen.

Die Spirale, die zu unserer Bodenplatte geformt werden soll, muß sich dabei innig berühren. Danach verstreichen wir das Ganze sorgfältig, damit es zwischen den einzelnen Wülsten eine enge Verbindung gibt, die sich beim späteren Brand nicht wieder löst. Natürlich kann man die Bodenplatte auch aus einer flachgedrückten Kugel formen oder sie aus einer ausgewalzten Tonplatte schneiden.

Nun bereitet man eine Reihe von Wülsten vor, die jeweils an den vorgesehenen Berührungsflächen mit einem Hölzchen oder einer Gabel aufgerauht werden. Wir vergessen dabei nicht, wieder die Enden abzuschneiden.

Auf die an der Kante ebenfalls aufgerauhte Bodenplatte legen wir nun den ersten Wulstring und pressen ihn fest an die Unterlage. Nachdem wir so mehrere Schichten aufeinandergesetzt haben, verstreichen wir mit dem Finger oder einem Modellierholz die Innenfläche unseres Gefäßes, um die einzelnen Wulstlängen fest miteinander zu verbinden. Sind die Innenfugen an einzelnen Stellen zu groß, können wir sie mit kleinen Tonröllchen ausfüllen. Selbstverständlich können wir mit der Außenfläche ebenso verfahren, doch sollten wir uns überlegen, ob die Struktur unserer Bauelemente, also unserer Wülste, nicht als dekoratives Moment erhalten bleiben sollte.

Haben wir eine bestimmte Höhe erreicht, so besteht die Gefahr, daß unser Gefäß durch das Eigengewicht des feuchten Tons zusammensinkt. Um dies zu verhindern legen wir eine kleine Pause ein und lassen den Ton etwas antrocknen. Die Oberkante müssen wir dabei jedoch mit einem Stückchen Plastikfolie oder einer angefeuchteten Zeitung abdecken. Sie darf nicht antrocknen, da wir sonst später Schwierigkeiten haben, sie mit der nächsten Schicht zu verbinden. Sollte der Gefäßrand trotzdem etwas zu trocken geworden sein, feuchten wir ihn vorsichtig an, ohne dabei das Wasser über die restlichen, schon stärker getrockneten Wülste laufen zu lassen, da sich die Nahtstellen sonst unter Umständen wieder lösen.

Das fertige Gefäß stellen wir zum Trocknen an eine möglichst zugluftfreie Stelle. Um das Trocknen zu verzögern – zu schnelle und ungleichmäßige Trocknung führt zu Rissen oder zum Verziehen – decken wir unser Werk wieder mit einer Plastikfolie ab, in die wir diesmal aber oben ein Loch einreißen, damit die Feuchtigkeit langsam entweichen kann.

Aus: Johann Fricke: Arbeiten mit Ton. Falken-Verlag, Niedernhausen/Ts. 1977, S. 18

das andere Mal der Bezug durch die Verknüpfung zweier Teilsätze zu einem langen Satz erfolgt. Dieser letzte Teil der Phase 2 könnte auch weggelassen werden, wenn der Lehrer merkt, daß die Schüler überfordert sind oder die Zeit knapp wird.

Stellt der Lehrer bei der Besprechung der Schülerarbeiten fest, daß die Beschreibungen noch unvollkommen sind, sollte die Überarbeitung als *Hausaufgabe* aufgegeben werden. Ist diese Phase abgeschlossen, wäre das Verfassen einer Spielanleitung eine weitere sinnvolle Aufgabe. Alternativ oder zusätzlich könnten auch bereits gedruckte Spielanleitungen mitgebracht werden, um sie für ein Nachspielen im Klassenraum oder auf dem Schulhof an der Pin-Wand zu befestigen.

Stundenziele

– Schülerarbeiten nach den erarbeiteten Kriterien beurteilen;
– einen stichwortartig dargestellten Vorgang auf Inhalt, Aufbau und sprachliche Form hin untersuchen;
– die Stichwörter zu einer in Abschnitten gegliederten Vorgangsbeschreibung verknüpfen;
– eine Spielanleitung verfassen.

8. Stunde:
Die Reihenfolge eines Mechanismus beschreiben
(ohne Stundenblatt)

Vorbemerkungen

Diese Stunde dient vor allem der Besprechung der Hausaufgabe und der Übung. Zentrales Übungsmittel ist Mat. 12. Hier geht es noch einmal um die genaue Reihenfolge. Da das Bild witzig ist, sind die

Schüler zur Beschreibung des Ablaufs motiviert. Im Vorschlag für den Anfang der Beschreibung wird das unpersönliche „man" empfohlen, weil es insbesondere den witzig-kautzigen Aspekt des fiktiven Vorgangs herausstellt.

Die Darstellung könnte zugleich Schüler motivieren, einen ähnlichen Apparatismus zu erfinden und seine Funktionen zu beschreiben (z. B.: Apparat zum Abschalten des Geräts bei langweiligen Fernsehfilmen, bei denen man eingeschlafen ist. – Apparat, der automatisch bei Betätigung des Haustürschlüssels von außen den Fernsehapparat ausschaltet – nützlich für Kinder, die allein zu Hause sind und verbotenerweise vor dem Fernsehapparat sitzen).

Unterrichtsverlauf

Vorphase:
Besprechung der Hausaufgabe

Wurde als Hausaufgabe zu dieser Stunde aufgegeben, die in der letzten Stunde geschriebene Anleitung zu überarbeiten, sollten einige Schülerarbeiten vorgetragen werden. Dies sollte allerdings nicht länger als fünf Minuten in Anspruch nehmen, da bereits eine ausführliche Besprechung der Arbeiten in der letzten Stunde stattgefunden hat. Wurden als Hausaufgabe neue Texte verfaßt (Spielanleitungen), wäre es sinnvoll, darauf mehr Zeit zu verwenden (etwa 10 Minuten). Insbesondere sollten die Mitschüler, die ja als Adressaten gedacht sind, beurteilen, ob sie nach der Spielanleitung das entsprechende Spiel auszuführen vermögen. Falls die Anleitung nicht ganz verstanden wird, sollten von den Mitschülern Zusatzfragen gestellt werden.

Phase 1:
Den Zusammenhang mündlich darstellen

Hier geht es darum, zunächst einmal das Funktionieren des Apparates (Mat. 12) zu erklären. Es muß jeder einzelne Schritt verstanden sein, da es ja insbesondere um die Beschreibung der Kettenreaktion geht (Was passiert in einem Teilvorgang? Was löst er aus?). Die Anfangstätigkeiten sind vorgegeben: Von den Schülern kann folgende Beschreibung erwartet werden:
Mit Hilfe einer an einem Spazierstock befestigten Zange den Hut zur Seite nehmen, mit dem Daumen der linken Hand den Hebel des Siphons betätigen. Flüssigkeit läuft in die Tüte, senkt das Brett (Waage) zur Tischseite, die andere Seite schnellt nach oben, der Nagel läßt den Luftballon platzen …

Es sollte auf höchstmögliche Genauigkeit geachtet werden, damit der Mechanismus des Ablaufs bis zum „erfolgreichen" Schluß beschrieben werden kann. Möglicherweise sollten, bevor in Phase 2 der Ablaufmechanismus schriftlich dargestellt wird, einige Begriffe angeschrieben werden, auf deren Verwendung kaum verzichtet werden kann, zum Beispiel: Siphon, Wippe, Schlaufe, Revolver, Trefferkarte, Rückstoß, Gummipuffer, Zange.

Phase 2:
Die Anleitung mit vorgegebenem Anfang schreiben

Die Schüler beschreiben nun schriftlich den Ablauf des Mechanismus (etwa 10 Minuten). Es geht darum, mit höchstmöglicher Genauigkeit darzustellen, auf welche Weise der jeweilige Teilvorgang den nächsten Vorgang auslöst. Die unpersönliche man-Form der Vorgabe sollte übernommen werden. Möglichst genaue Darstellung und sinnvolle Verwendung der Begriffe (vgl. Tafelanschrieb, Phase 1) ist

wesentliches Kriterium der Besprechung der Schülerarbeiten. Als Hausaufgabe sollten die Schüler probieren, einen ähnlich witzigen Mechanismus zu erfinden, aufzuzeichnen und in Stichwörtern in seinem Ablauf zu beschreiben. Mit dieser Aufgabe wird der Spaß am Tüfteln angesprochen, der bei Schülern dieses Alters oft festzustellen ist.

Stundenziele

– Den Ablauf eines Vorgangs verstehen und mündlich in allen Einzelheiten wiedergeben;
– notwendige Begriffe für eine Beschreibung des Vorgangs benennen;
– den Vorgang in allen Details schriftlich im Sinne des vorgegebenen Anfangs darstellen.

Eine Person beschreiben (9.–10. Stunde)

Im alltäglichen Gespräch werden zur Kennzeichnung oftmals Personen beschrieben. Personenbeschreibungen kommen auch schriftlich zur Beurteilung von Personen (Zeugnis) oder in Anzeigen (Partnersuche) vor. Sie finden sich in literarischen Texten, in Zeitungen und Zeitschriften sind Porträts von Stars aus Sport, Kunst und Politik zu lesen.
Die Personenbeschreibung unterscheidet sich von der Gegenstandsbeschreibung vor allem dadurch, daß der Beschreibende zu der Person, die er beschreibt, in einer bestimmten Beziehung steht. Beim Schreiben bringt er diese Beziehung zu der Person mit ein. Dadurch kommt deutlich die Frage nach den kommunikativen Bedingungen des Schreibens auf:

Zu welchem Zweck werden Personenbeschreibungen verfaßt? Für wen sind sie bestimmt, für erwachsene oder für jugendliche Leser? Wie stehe ich als Schreiber zu der zu beschreibenden Person? Was beschreibe ich an der Person? Wie beschreibe ich dies zweckmäßigerweise?

Die Personenbeschreibung, darauf weist Wolfgang Menzel (Praxis Deutsch, 74, 1985, S. 11) eindringlich hin, ist keine „objektiv beurteilbare" Form. Personen werden unterschiedlich wahrgenommen. Die Sonderform des Steckbriefes bildet dabei eine Ausnahme. Eine Personenbeschreibung ist eine subjektive Auseinandersetzung mit einem Menschen, in die die Perspektiven und Wertungen des Schreibenden mit einfließen. Im Unterricht hält Menzel die Personenbeschreibung aus drei Gründen für gerechtfertigt:

- Personenbeschreibungen werden auch von Schülern gelesen; das eigene Verfassen von Personenbeschreibungen wirke daher als vorbereitende Hilfe zum Verstehen vorliegender Texte (Ziel, das auf Texterkenntnis gerichtet ist).
- Im Alltag werden Personen auch von Schülern (meist mündlich) beschrieben; reale oder fiktive Personen zu kennzeichnen, seien „Auseinandersetzung des Ich mit einer anderen Person" (Ziel, das auf Menschenkenntnis ausgerichtet ist).
- Da Techniken der Personenbeschreibung erlernt werden sollen, gebe es auch ein „formal auf die Aufgabe selbst gerichtetes Ziel", das genaue Erfassen und Versprachlichen von Besonderheiten einer Person. Dieses Ziel wird allerdings für fragwürdig gehalten, weil es sich allzuleicht im formalistischen Sinne verselbständigen könne, so daß dieses Ziel besser in funktionalem Zusammenhang mit den erstgenannten Zielen erreichbar sei.

Otto Ludwig weist mit Recht darauf hin, daß es aufgrund der unterschiedlichen Zwecke von Personenbeschreibungen auch unterschiedliche Darstellungsformen gebe (vgl. Praxis Deutsch, 74, 1985, S. 16–18):

- die sachlich-registrierende (weitgehende Reduzierung auf äußeres Erscheinungsbild);
- die charakterisierende (es wird alles angeführt, was die zu beschreibende Person in ihrer Eigenheit kennzeichnet);
- die persönliche (deutlich wird die zu beschreibende Person in ihrer Beziehung zum Beschreibenden dargestellt. Im Vordergrund stehen die Vielfalt der Aspekte, der unterschiedlichen Eigenarten, möglicherweise auch der Wandlung in einem längeren Prozeß; insbesondere taucht diese Darstellungsform in Briefen, in Gesprächen und in der Literatur auf);
- die beurteilende Darstellung (die Beschreibung dient hier der Beurteilung eines bestimmten Aspekts).

Die Begriffe Personenbeschreibung, Charakteristik, Personenschilderung verweisen bereits auf diese Differenzierungen. Zur äußeren Erscheinung einer Person gehören die Merkmale Gestalt, Größe, Gesicht (Augen, Nase, Mund, Ohren), Haar (Form, Farbe), besondere körperliche Kennzeichen und die Kleidung. Diese Aufzählung kann durchaus als legitime Hilfe des Beschreibens eingesetzt werden. Die Frage ist, in welcher Reihenfolge man bei der Beschreibung von Personen vorgeht (Gesamteindruck, charakteristischer Eindruck, Einzelheiten versus auffallendes Einzelmerkmal, weitere kennzeichnende typische Merkmale, Gesamteindruck).

Die Personenbeschreibung ist sachlich und knapp gehalten, und in der Regel wird das Präsens verwendet. Die kennzeichnenden Merkmale werden deutlich herausgestellt. Das Adjektiv spielt zur Beschreibung z. B. der Farbe der Augen, ihrer Größe, ihrer Form, zur Beschreibung der Form des Gesichtes, zur Kennzeichnung der Kleidung eine wichtige Rolle.

Die Personenbeschreibung wird immer dann notwendig, wenn eine Person gesucht wird und nach der Beschreibung wiedererkannt werden soll. Entweder ist die gesuchte Person vermißt, oder sie wird aufgrund eines Delikts gesucht. Die Textart *Steckbrief* (in der herkömmlichen Bedeutung) ist eine spezielle Form der Personenbeschreibung, der im außerschulischen Leben der Schüler keine allzu große Bedeutung zukommt. Sie ist unter den Materialien deshalb auch nicht vertreten. Die Bezeichnung *Steckbrief* rührt daher, daß in früheren Zeiten Übeltäter mit einem Steckbrief, einem besonderen amtlichen Schreiben, in Haft „gesteckt" wurden oder daß Angeklagte vor Gericht eine Vorladung (als Brief) erhielten, die unter das Tor „gesteckt" wurde. Schon früher wurden darüber hinaus Verbrecher mit Hilfe eines Steckbriefs gesucht, der an öffentlichen Gebäuden ausgehängt war. Damit sollte die Bevölkerung zur Mitfahndung aufgerufen werden. Steckbriefe enthalten in der Regel ein Foto der gesuchten Person und eine kurze Beschreibung (stichwortartig oder in ganzen Sätzen).

Über die Beschreibung der äußeren Merkmale einer Person hinaus kann die Kennzeichnung einer Person auch auffallende Eigenarten und Wesensmerkmale enthalten (vgl. oben!). Dies wären erste Ansätze einer *Charakteristik*. Ohnehin werden je nach Situation und Anwendungsbereich die einzelnen, von O. Ludwig genannten Darstellungsformen (vgl. oben) ineinander übergehen. Für die Klassen 5 und 6 ist es sinnvoll, zunächst die sachlich-registrierende Form in den Vordergrund zu stellen, dann aber auch die anderen Formen. Aus diesem Grunde sind neben Mat. 13 (sachliche Form der Beschreibungsmerkmale in einem Zeitungsbericht) und Mat. 14 (Beschreibung unterschiedlicher Personen nach Fotos) auch literarische Texte (Mat. 15–17) berücksichtigt.

Otto Ludwig (vgl. oben) macht im Hinblick auf die Sprache der Personenbeschreibung (und der Beschreibung allgemein) darauf aufmerksam, daß als Satztyp außerordentlich häufig, von wertenden und beurteilenden Kommentarsätzen einmal abgesehen, der Identifikationssatz (Er ist . . ., sie hat . . ., er trägt . . .) auftaucht. Diese eingeschränkten syntaktischen Möglichkeiten der Beschreibung seien insbesondere bei der Beurteilung von Schüleraufsätzen zu berücksichtigen, so daß Wiederholungen in einem Schüleraufsatz keineswegs immer ein Beleg für sprachliche Armut seien.

Grobziele der Sequenz

– Den kommunikativen Zusammenhang einer Personenbeschreibung erkennen;
– Kriterien für die Beschreibung von äußeren Merkmalen und Verhaltensweisen von Personen gewinnen und nach diesen Kriterien Personen beschreiben.

9. Stunde: Äußere Merkmale einer Person

Vorbemerkungen

In dieser einführenden Stunde zur Personenbeschreibung geht es um die „sachlich-registrierende" Darstellung von Personen (vgl. Hinweise zur Einführung in die Sequenz).

Mat. 13 stellt eine Personenbeschreibung (in der Form eines Zeitungstextes) dar. Ein neunjähriges Mädchen wird vermißt und soll nach der Beschreibung erkannt werden. Mit dem zweitletzten Satz wird eine Frage gestellt, die zugleich als Aufforderung verstanden werden kann, der Kriminalpolizei entsprechende Hinweise zu geben. Zu den äußeren Merkmalen werden Informationen gegeben: Haar (Haarfarbe, Frisur), Kleidung (Bluse, Hose, Schuhe, Söckchen). Die Adjektive geben entsprechende Differenzierungen hinsichtlich Beschaffenheit, Farbe und Aussehen der einzelnen äußeren Merkmale (dunkelbraunes, kurzes glattes Haar; rosa Bluse mit langen Ärmeln; dreiviertel lange Cordhose; weiße Turnschuhe, hellblaue Söckchen).

Verstärkt wird die Information durch das Foto. Typisch für die Suchanzeige in der Zeitung ist auch die Überschrift (Blickfang) und insbesondere die Tatsache, daß Name und Alter des Mädchens im Artikel aufgeführt sind.

Mit Mat. 14 kann an den kommunikativen Zusammenhang von Mat. 13 angeknüpft werden: Personen werden vermißt und sollen nach der Beschreibung, die die Schüler schreiben, wiedererkannt werden. Unter den Fotos steht eine Liste an äußeren Merkmalen, die von den Schülern ausgefüllt werden soll.

Unterrichtsverlauf

Phase 1:
Personenbeschreibung und kommunikativer Zusammenhang

Es wird erwartet, daß die Lektüre des Zeitungsartikels (Mat. 13) die Schüler motiviert, weil die Personenbeschreibung ihren „Sitz im Leben" hat. Ein neunjähriges Mädchen ist wohl seit einigen Tagen ver-

mißt und wird von der Polizei gesucht. Die Bevölkerung wird mit dem Zeitungsartikel (geschrieben im Stil einer Vermißtenanzeige) zur Mithilfe aufgefordert. Inhalt, Adressaten, Absender und Absicht werden durch entsprechende Impulse im Unterrichtsgespräch herausgearbeitet. Die abschließende Zusatzfrage am Schluß der Phase nach weiteren äußeren Merkmalen soll auf den appellierenden Charakter des Textes hinweisen. Informierende und appellierende Intentionen wirken in diesem Text deutlich zusammen.

Möglicherweise wäre es an dieser Stelle sinnvoll, den Schülern eine kurze Zeitungsnotiz vorzulesen, wonach das vermißte Kind wieder aufgefunden wurde:

Neunjährige ist wieder da

Hamburg. Die neunjährige Nicole aus Hamburg, die – wie berichtet – vermißt worden war, ist gestern von der Polizei in einem Lebensmittelgeschäft in der nördlichen Metropole entdeckt worden. Das Mädchen erklärte, es habe bei einer ausländischen Familie übernachtet, deren Tochter es auf einem Spielplatz kennengelernt hatte.

Nach dieser „Aufklärung" sind die Schüler vielleicht eher in der Lage und bereit, sich in Phase 2 emotionsfrei mit den sachlichen Aspekten der Beschreibung auseinanderzusetzen.

Phase 2:
Eine Personenbeschreibung untersuchen

Diese Phase, in der es darauf ankommt, durch eine genauere Untersuchung der vorliegenden Personenbeschreibung Kriterien für die Eigenproduktion in die Hand zu bekommen, beginnt zur Auflockerung mit einem Wechsel der Sozialform. Die Schüler sollen mit ihrem Tischnachbarn die Beschreibungsmerkmale zusammensuchen und diese ordnen. Als Ergänzung werden zusätzliche weitere Merkmale, die sich nicht in dem Artikel befinden, aufgelistet: Kopfform, Gesicht, Augenfarbe, -form, -größe. Nach dieser Phase, durch die allgemeine äußere Beschreibungskriterien bereitgestellt sind, kann in der nächsten Phase von den Schülern selbst eine Personenbeschreibung verfaßt werden.

Phase 3:
Eine Person beschreiben

Es wird in dieser Phase kaum mehr möglich sein, eine schriftliche Beschreibung anfertigen zu lassen – dies wird dann die Hausaufgabe sein; wohl aber kann die Hausaufgabe sinnvoll vorbereitet werden, indem eine der abgebildeten Personen (Mat. 14) in Partnerarbeit auf die kennzeichnenden äußeren Merkmale hin untersucht wird. Dazu sollten Stichworte notiert werden unter Verwendung der in Phase 2 erarbeiteten inhaltlichen Kriterien für eine Beschreibung. In drei Schülervorträgen (jeweils ein Vortrag zu einer Abbildung) werden die Stichworte vorgestellt und anschließend besprochen. Die Mitschüler sollten beurteilen, ob die gefundenen Merkmale auf die Person zutreffen. Für die schriftliche Personenbeschreibung *(Hausaufgabe)* wählen die Schüler ein anderes als das im Unterricht bearbeitete Foto. Als Alternativaufgabe

wäre möglich, in Tageszeitungen nach ähnlichen Personenbeschreibungen wie in Mat. 13 zu suchen, sie auszuschneiden und für die Pin-Wand mit zur Schule zu bringen. Im Unterricht könnten diese Artikel zur Wiederholung des Gelernten kurz besprochen und die unterschiedlichen Funktionen dieser Artikel herausgestellt werden (eine Person wird gesucht, weil sie vermißt wird/eine Person wird wegen eines Verbrechens gesucht).

Stundenziele

– Den kommunikativen Zusammenhang einer Personenbeschreibung untersuchen und kennzeichnen;
– inhaltliche Kriterien für die Beschreibung der äußeren Merkmale einer Person gewinnen und diese Kriterien ordnen;
– eine auf einem Foto dargestellte Person mündlich und schriftlich beschreiben.

10. Stunde:
Äußere Merkmale und Verhaltensweisen von Personen

Vorbemerkungen

In dieser Stunde geht es um die Ausweitung des Themas *Personenbeschreibung:* über die äußeren Merkmale hinaus soll auch auf die Persönlichkeitsstruktur eingegangen werden. Eine solche Beschreibung hängt stark von der persönlichen Sicht der beschreibenden Person und ihrer Beziehung zur beschriebenen Person ab. Mit dieser Art der Beschreibung hat diese Stunde auch das Ziel, Menschenkenntnis herauszubilden. Entsprechend sind die Materialien ausgewählt worden:

Mat. 15–17 sind literarische Texte, in denen Personen differenziert dargestellt sind. Nicht nur das Äußere wird beschrieben, sondern auch typische Verhaltensweisen, Wesensmerkmale und Charaktereigenschaften. In Mat. 15 zeigt bereits die Überschrift ,Der alte Seebär', daß es hier um die Beschreibung eines Typs geht. Dieser Text aus Louis Stevensons ,Schatzinsel' ist auch insofern typisch für die Beschreibungen von äußeren Merkmalen und Verhaltensweisen, als erzählende und beschreibende Elemente ineinander übergehen. Der Text soll Ausgangspunkt für eine produktive Schüleraufgabe sein: die einzelnen Merkmale in dem Text werden herausgeschrieben und geordnet. Danach verfassen die Schüler selbst ein Porträt. Dem Text könnten z. B. folgende Informationen entnommen werden:
– Äußere Erscheinung/Aussehen/Gestalt (schwerfälliger Gang, groß, stark, tiefgebräunt),
– Haare (teeriger Matrosenzopf),
– Kleidung (schmutziger blauer Rock),
– Hände (schwielig, zerschunden, abgebrochene schwarze Nägel),
– Gesicht (Säbelhieb auf der Wange),
– Verhalten (pfeift oft ein altes Seemannslied mit hoher, alter, unsicherer Stimme; bezeichnet sich selbst als einfachen Mann, der als Nahrung Rum, Speck und Eier bevorzugt; nennt sich „Käpt'n"; stolz, schweigsam, feste Gewohnheiten; will nicht angesprochen werden).

Die Bearbeitung des Textes nimmt gut und gerne eine Stunde in Anspruch.
Als zusätzliches Übungsmaterial werden Mat. 16 und Mat. 17 angeboten. In Mat. 16 stehen weniger die äußeren Merkmale als die subjektiven, persönlichkeitsspezifischen Verhaltensweisen im Vordergrund. Auch wird im letzten Teil des Textes eine Entwicklung im Verhalten dargestellt.

Die typischen Verhaltensweisen lassen sich schnell herausfinden. Diesem Text könnten folgende Informationen entnommen werden:
– Name: Kurt Tulpe
– Schüler
– Alter: 10 Jahre
– behauptet als intensiver Leser von Asterix und Obelix, von den Galliern abzustammen
– möchte größer sein
– ist im Unterricht oft geistig abwesend, weil er an Abenteuer denkt
– hat Schwierigkeiten beim Turnunterricht . . .

In dem Ausschnitt aus Christine Nöstlingers Jugendbuch „Wir pfeifen auf den Gurkenkönig" (Mat. 17) beschreibt der zwölfjährige Wolfgang aus der individuellen Perspektive (Ich-Form) eines Familienmitglieds die anderen Personen der Familie. Die Beschreibungen sind deshalb sehr stark persönlich gefärbt, weil Wolfgang seine Beziehungen zu den jeweiligen Personen miteinfließen läßt. Die Schüler könnten auch aus diesem Text die Merkmale herausschreiben, die die jeweiligen Personen kennzeichnen:
– Opa: fast siebzig, Schlaganfall: steifer Fuß und schiefer Mund, sagt viele gescheite Dinge, Vater von Papa;
– Papa: vierzig, arbeitet bei einer Autoversicherung, Leiter einer kleinen Abteilung von insgesamt vier Leuten; usw.

Aufgrund der verschiedenen Personenkennzeichnungen bietet sich auch die Möglichkeit zur Gruppenarbeit. Reizvoll wäre es auch, mit den Schülern ein Gespräch darüber zu führen, auf welche Weise der Schreiber die einzelnen Personen kennzeichnet und dabei deutlich macht, wie die einzelnen Mitglieder zueinander stehen. Es werden nämlich auch Aussagen der anderen Personen genutzt (z. B.: Darum schreit er wahrscheinlich zu Hause so viel, meint Opa; Mama sieht angeblich viel jünger aus . . .; Martina ist aber keine sehr blöde Gans . . .; Mir ist ganz gleich, wie ich aussehe . . .).

Als freie schriftliche Aufgabe ohne Textvorlage (z. B. auch als Klassenarbeit) eignet sich eine Aufgabe, einen Menschen der näheren Umgebung (Familie/Freundeskreis) in seinem Aussehen und seinem Verhalten zu beschreiben (Vorform einer späteren Charakteristik). Als Rahmenaufgabe könnte gestellt werden: Ein Mensch, den ich mag! Nicht sinnvoll wäre eine negative Beschreibung eines Menschen (Ein Mensch, den ich nicht mag!), weil Schüler bei einer derartigen Aufgabe allzuleicht Klischees aufsitzen und pauschalierende Negativbeurteilungen niederschreiben. Die positive Kennzeichnung wird ihnen in diesem Alter leichter fallen. Hier eine Schülerarbeit, die in etwa die Erwartungen verdeutlicht:

Meine Oma – ein Mensch, den ich mag!
Ich mag meine Oma. Sie ist 62 Jahre alt. Ihre Haare sind schwarz, aber auch schon ein wenig grau. Sie hat ein faltenloses Gesicht, das aber viele kleine Blutäderchen hat. Ihre Augen blicken freundlich. Ihr besonders kennzeichnendes Kleidungsstück ist ein weißer Kittel, den sie oft trägt. Sie hat nämlich ein Lebensmittelgeschäft. Ihre Schuhe sind oft hochhackig. Meine Oma ist eine sehr warmherzige Frau. Sie ist niemals bösartig und zu allen Leuten nett. Wenn sie sich sehr aufregt, kriegt sie einen roten Kopf und einen höheren Blutdruck. In der Mittagszeit schläft sie fast immer. Wie alle Omas sich um ihre Enkel sorgen, so sorgt sich auch meine Oma um mich.
Meine Oma kann noch sehr gut denken und arbeitet in ihrem Geschäft mit Freude. Sie geht, wie mein Opa, gern spazieren. Meine Oma ist nicht sehr empfindlich, aber doch feinfühlig. Sie merkt sofort, wenn einer aus unserer Familie Kummer hat. Daß sie tierlieb ist, sieht man daran, daß sie unseren Rauhhaardackel sehr lieb hat und ihn gerne nimmt, wenn wir in Urlaub fahren. Wenn wir bei meiner Oma sind, versucht sie, uns das Leben so angenehm wie möglich zu machen.
Ich finde, daß meine Oma eine sehr sympathische Frau ist. Sie hat viele gute Eigenschaften, von denen ich ja eine ganze Menge genannt habe. In Anbetracht dieser Eigenschaften komme ich sogar zu dem Schluß, daß sie ein Musterexemplar von Oma ist.

Weitere Themen z. B.:
Ein fröhlicher Mensch
Ein süßer Fratz
Ein nettes Kerlchen
Ein verläßlicher Junge
Ein Mensch, den ich bewundere.

Unterrichtsverlauf

Vorphase:
Die Hausaufgabe besprechen

Zur Besprechung der Hausaufgabe sollte der Lehrer genügend Zeit einplanen, weil die Zusammenfassung der Ergebnisse für diese Stunde (vor allem erster Teil der Phase 1) wichtig ist. In der Hausaufgabe geht es um die Beschreibung äußerer Merkmale; in dieser Stunde kommt die Beschreibung von Verhaltensweisen und Eigenarten (als Vorform einer Charakteristik) dazu. Somit kann in der Vorphase das in der vorherigen Stunde Gelernte für die Stunde bereitgestellt werden.

Phase 1:
Äußere Merkmale und Eigenarten fest-
stellen

In dieser Phase geht es um das Sammeln der in Mat. 15 genannten Persönlichkeitsmerkmale. Die Schüler lesen zunächst den Text. Ausgehend von spontanen Reaktionen auf den Text sollte der Lehrer die Schüler im Unterrichtsgespräch zur Erkenntnis führen, daß zusätzlich zu den äußeren Merkmalen der Personen auch Verhaltensweisen dargestellt sind. Für diese beiden Hauptaspekte der Beschreibung (äußere Erscheinung / Verhaltensweisen) werden dann in Stillarbeit im Text Belege gesucht. Bei der anschließenden Zusammenfassung und Ergebnissicherung werden die Kennzeichnungen an der Tafel aufgelistet, um sie für die Eigenproduktion in Phase 2 bereitzustellen.

In dieser Phase wäre auch ein anderes methodisches Vorgehen denkbar, nämlich den Schülern die Lektüre des Textes (Mat. 15) mit entsprechender Aufgabe als Hausarbeit aufzugeben. In diesem Falle könnte die vorgesehene Vorphase wegfallen. Der Lehrer würde Zeit gewinnen und könnte am Ende der Stunde noch kurz auf Mat. 16 und 17 eingehen.

Phase 2:
Ein Porträt der Person anfertigen

In dieser Phase geht es um die schriftliche Abfassung eines Porträts. Der Zusammenhang von äußeren Merkmalen und Eigenarten der Person in Mat. 15 läßt sich als Porträt kennzeichnen. Es sollten für diese Phase insgesamt etwa 15 Minuten zur Verfügung stehen. Die Schüler sollen versuchen, den alten Seebär als Typ darzustellen und die genannten Merkmale bei ihrer Beschreibung zu berücksichtigen (tief gebräunt, teeriger Matrosenzopf, schwielige Hände, Seemannslied, schweigsam gegenüber anderen). Da in der Phase

1 entsprechend vorgearbeitet worden ist und die Merkmale an der Tafel formuliert sind, dürfte die Ausformulierung keine allzu großen Schwierigkeiten machen.

Bei der Besprechung der Schülerarbeiten sollte der Beschreibung der Eigenarten (des Typs Seebär) besondere Aufmerksamkeit gewidmet werden, weil der Aspekt der Verhaltensweisen und Eigenarten in dieser Stunde neu hinzugekommen ist (Progression).

Wenn Zeit vorhanden ist, sollte auch noch der Vergleich zwischen der Vorlage und den Schülerarbeiten erfolgen. Die Vorlage ist eine Ich-Erzählung im Präteritum und mit wörtlicher Rede, mit der auch die Atmosphäre der Umgebung dargestellt wird. Bei dem geforderten Porträt stehen die Merkmale, die die Person kennzeichnen, im Vordergrund.

Als *evtl.* Hausaufgabe wäre eine Überarbeitung des Porträts sinnvoll. Als Alternative ist die Bearbeitung von Mat. 16 denkbar (Auflistung der Eigenschaften des Schülers Tulpe). Auch Mat. 17 bietet sich als Hausaufgabe an (stichwortartige Auflistung der Merkmale der einzelnen Personen; vgl. die entsprechenden Hinweise in den Vorbemerkungen). Es wäre auch nützlich, eine weitere Stunde als Übungsstunde anzuschließen, in der die beiden Texte intensiv bearbeitet werden könnten.

Stundenziele

– Die Beschreibung einer Person nach schon erarbeiteten Kriterien besprechen;
– aus einem literarischen Text die äußeren Merkmale und Eigenarten herauslesen, mit denen die dort dargestellte Person als Typ (Seebär) gekennzeichnet wird;
– auf der Grundlage des literarischen Textes ein Porträt schreiben.

Ein Tier beschreiben
(11. Stunde)

Ähnlich wie bei Personenbeschreibungen geht es auch bei Tierbeschreibungen darum, neben den äußeren Merkmalen die Beziehung des Beschreibenden zum Tier darzustellen. Ebenso spielt der kommunikative Zusammenhang von Tierbeschreibungen eine wichtige Rolle (Wer beschreibt? Für wen wird beschrieben? Zu welchem Zweck wird beschrieben? Was wird beschrieben? Wie wird es beschrieben?). Beweggründe zum genauen Beschreiben von Tieren sind zum Beispiel gegeben, wenn ein Tier verloren gegangen ist und vom Besitzer oder vom Finder genau beschrieben wird, wenn jemand ein Tier verkaufen will (Inserat unter der Rubrik ‚Tiermarkt‘) oder wenn jemand ein Tier kaufen will und das gewünschte Tier genau beschreibt. Beschreiben, Erzählen und Appellieren sind dabei (wie auch bei anderen Beschreibungen) nicht immer deutlich voneinander zu trennen. In einem Inserat unter dem Stichwort ‚Entlaufen/Zugelaufen‘ wird immer auch ein Appell ausgeübt: es geht neben der Beschreibung des entlaufenen oder zugelaufenen Tieres um die Handlungsaufforderung, nach dem entlaufenen Tier Ausschau zu halten und es dem Besitzer gegebenenfalls zurückzugeben oder um die Aufforderung an den Besitzer, sich zu melden und das gefundene Tier abzuholen. Auch in Inseraten unter dem Stichwort ‚Tiermarkt‘ geht es um eine Aufforderung, nämlich zum Kauf eines Tieres.

11. Stunde
Hunderassen voneinander unterscheiden

Vorbemerkungen

In dieser Stunde stehen Materialien zur Verfügung, die unterscheidende Beschreibungsmerkmale verlangen: Es geht bei Mat. 18 um die Unterscheidung verschiedener Hunderassen. Dazu ist die Entwicklung einer übersichtlichen Tabelle eine Hilfe, bei der nach folgenden Gesichtspunkten gegliedert werden könnte: Körperbau/Figur, Kopfform/Ohren/Schnauze, Behaarung. Zur näheren Kennzeichnung werden Adjektive genannt wie: gedrungene Figur, kleiner Kopf im Verhältnis zum Körper, länglicher Kopf, herunterhängende Ohren, aufrecht stehende Ohren, dichte, dunkle, gescheckte Behaarung u.a.m. Mat. 18 eignet sich im Unterricht für eine arbeitsteilige Gruppenarbeit. Mat. 19 knüpft an Mat. 18 an. Die drei Kennzeichnungen zielen weniger auf äußere Merkmale als auf eine Kennzeichnung der besonderen Eigenschaften. Insbesondere werden die Vorzüge als Jagdhund, Rennhund, Wachhund, Hirtenhund oder Gebrauchshund dargestellt. Auch Verbreitung, Herkunft und Geschichte der jeweiligen Rasse werden dargestellt. Auch hier bietet sich zur Bearbeitung eine produktive Aufgabe an, nämlich in Tabellenform die jeweils wichtigen Kennzeichnungen festzuhalten.
Mat. 20 bietet mit der Darstellung eines skurrilen Fabeltieres die Möglichkeit zu einer spielerisch-kreativen Beschreibung eines ‚unbekannten‘ Tieres. Man kann davon ausgehen, daß die Schüler durch ein solches Fabelwesen weiterhin für die Thematik Tierbeschreibung motiviert sind. Eine zusätzliche Möglichkeit könnte sein, die Schüler ihr eigenes Haustier (oder,

falls sie kein eigenes haben, das des Nachbarn) beschreiben zu lassen. Hierzu die Darstellung eines Schülers:

Tiger
Meine kleine fünfjährige Schwester Nicola hatte vor einiger Zeit Ärger mit ihren Freunden. Sie hatte ihnen erzählt, wir hätten einen Tiger zu Hause. Das wollte ihr niemand glauben.
Dies verhält sich so: Unserem Kater haben wir den Namen Tiger gegeben wegen seines schönen, schwarz, weiß und grau gestreiften Felles. Er ist nicht sehr groß, dafür aber schlank und sehr lebendig. Wir haben ihn jetzt schon sieben Jahre. Damals stand er eines Tages, er war noch nicht ganz ausgewachsen, miauend vor unserer Haustür. Ich habe ihm damals etwas mit Wasser verdünnte Milch hingestellt. Seitdem ist er unserem Hause nie länger als drei Tage ferngeblieben. Tiger ist ganz zahm und läßt sich gerne streicheln und auf den Arm nehmen. Trotzdem ist er ein richtiges Raubtier geblieben. Da unser Haus und unser Garten unmittelbar an ein großes Feld grenzen, hat er ein ideales Jagdrevier. Und das nutzt er nicht selten aus. Manchmal schleppt er sogar ein junges Kaninchen an.
Auf der Terrasse unter dem Vordach hat ihm mein Vater eine kleine Hütte gebaut. Hier liegt er oft behaglich ausgestreckt auf einer Decke, wenn er etwas zu fressen bekommen hat oder wenn er sich von seinen Streifzügen in die Umgebung ausruht. Wenn die Sonne scheint, liegt er oft mitten auf der Terrasse und hat alle Viere von sich gestreckt. Wenn ich auf die Terrasse gehe, kommt er plötzlich an und streicht mir um die Beine und schmiegt sich an. Dabei läßt er ein tiefes behagliches Schnurren hören. Wenn ich ihn streichle, macht sein Rücken die Streichelbewegungen mit. Liege ich im Liegestuhl

und lasse die Hand herunterhängen, kommt er oft an, reibt seinen Kopf an meiner Hand oder leckt mir die Finger, um gestreichelt zu werden. Aber er kann auch böse werden. Dann macht er einen Buckel, klemmt den Schwanz ein und faucht. Aber das ist selten, z. B. wenn ein fremder Kater oder ein Hund in unserem Garten auftaucht. Sonst aber ist er anhänglich und zutraulich.

Typisch für diese Schülerarbeit, die im Unterricht als Gegenbeispiel geeignet scheint, ist die Mischung aus erzählenden (Erzähler-Ich, Präterium) und beschreibenden Elementen (allgemeine Merkmale der Gattung Katze und besondere Eigenarten dieser Katze). Im Unterricht könnte durch Vorlesen dieses Textes noch einmal auf wesentliche Gesichtspunkte einer Beschreibung eingegangen werden (kein Ich-Erzähler, Darstellung im Präsens).

Unterrichtsverlauf

Phase 1:
Über unterschiedliche Hunderassen sprechen

In dieser Phase sollen die Schüler auf das Thema „eingestellt" werden. Schüler, die keinen Hund zu Hause haben, könnten den des Nachbarn beschreiben. Daß die Darstellung der Schüler auch erzählende Teile enthalten wird, steht zu erwarten und sollte akzeptiert werden. Eine genaue Trennung ist in Alltagssituationen ohnehin nicht möglich (vgl. oben). Die Schüler werden „ihren" Hund vermutlich vorwiegend äußerlich beschreiben (Größe, Körperbau, Kopfform, Beine) und die jeweilige Hunderasse erwähnen, wahrscheinlich aber auch bereits besondere Eigenschaften und Eigenarten darstellen. Damit wäre der „rote Faden" der Stunde ausgelegt.

46

Phase 2:
Unterschiedliche Hundetypen beschreiben

Es geht in dieser Phase darum, die drei abgebildeten Hunderassen (Mat. 18) in ihren äußeren Merkmalen zu beschreiben. Die Schüler sollen eine ökonomische Form der zusammenfassenden Darstellung erlernen (Tabelle). Die Aufgabe eignet sich besonders für Partnerarbeit. Sollte der Lehrer feststellen, daß die Schüler damit überfordert sind, selbst übergeordnete Gesichtspunkte für die Zusammenfassung der äußeren Merkmale zu finden, sollte er diese vorab (anhand einiger gezielter Fragen) erarbeiten und an die Tafel bringen. Auch bei der Zusammenfassung sind zur Klärung der Details ggf. zusätzliche Impulse notwendig. Das Ergebnis sollte als Matrix übersichtlich an der Tafel dargestellt werden (s. Stundenblatt). Dieser Tafelanschrieb hat eine wichtige Funktion für die folgende Phase, weil damit die Methode, Zusammenhänge übersichtlich zu ordnen, veranschaulicht wird.

Phase 3:
Eigenschaften und Bedürfnisse der Hundetypen sowie ihr Nutzen für den Menschen

Durch Mat. 19, das die Schüler zu Beginn der Phase lesen, wird die Aufmerksamkeit der Schüler auf die Eigenschaften der Tiere gelenkt. Diese sind in den Texten besonders deutlich dargestellt und lassen sich schnell isolieren, zumal aus dem Grammatikunterricht bekannt sein dürfte, daß Adjektive im Satz ein Nomen genauer kennzeichnen (Adjektiv-Attribut). Das Unterrichtsgespräch sollte der Lehrer wiederum mit Hilfe einer einfachen Matrix an der Tafel zusammenfassen (s. Stundenblatt). In der sich anschließenden Partnerarbeit sollte dann von den Schülern selbständig eine Tabelle zur Eignung der Tiere und den Bedingungen für ihre Haltung

angelegt werden. Das Vermögen, mit solch einer übersichtlichen Darstellungsform umzugehen, ist ein wichtiges Unterrichtsziel im Rahmen des Themas „Beschreibung von Tieren". Nach Möglichkeit sollte für eine übersichtliche Darstellung ein DIN-A4-Blatt genommen werden. In Klassen, die wenig Übung mit dieser Form haben, könnten die einzelnen Spalten bereits vom Lehrer auf einem Arbeitsblatt vorgegeben werden. Das Ergebnis sollte wiederum an der Tafel erscheinen.

Nicht auslassen sollte der Lehrer die anschließende Frage nach weiteren Informationen in den Texten, die nicht in der Matrix zusammengefaßt sind (z. B. Züchtungsversuche, ursprüngliche Heimat der Tiere, geschichtliche Bezüge). Damit macht er rückwirkend in ersten Ansätzen deutlich, daß eine Matrix einen Text unter ganz bestimmten Gesichtspunkten „auskämmt".

Als *evtl.* Hausaufgabe stellen die Schüler die sechs Gesichtspunkte, die in dieser Stunde erarbeitet wurden in einer Matrix zusammen. Eine Alternative ist die Beschreibung eines Phantasie- und Fabeltieres von Kurt Halbritter (Mat. 20). Für das dargestellte Phantasietier kann ein neuer Name erfunden werden (z. B. Kamelofing, Fingertier); die äußeren Merkmale sollen detailliert beschrieben werden. In bezug auf die besonderen Eigenschaften, die Fähigkeiten, die Nutzung für besondere Aufgaben kann der Phantasie freien Lauf gelassen werden, und es können auch skurrile Dinge erfunden werden (z. B.: dieses Tier kann einen Handstand machen, es kann mit den Füßen essen, es verfügt über außerordentliche Fingerfertigkeit . . .).

Stundenziele

- Einen bekannten Hund beschreiben (Äußeres, Rassezugehörigkeit, besondere Eigenschaften und Verhaltensweisen);
- unterschiedliche Hundetypen (Fotos) nach ihren äußeren Merkmalen, ihren besonderen Eigenschaften, ihrer Eignung und ihren Bedürfnissen bzw. Bedingungen für die Haltung beschreiben und die Ergebnisse in einer Tabelle übersichtlich geordnet darstellen;
- ein Phantasietier beschreiben.

Über ein Geschehen berichten (12.–15. Stunde)

Der Begriff *Bericht* ist eine Sammelbezeichnung für unterschiedliche Formen von Texten. So gibt es den Schadensbericht für eine Versicherung, den Bericht über einen Unfall, den Bericht über eine Reise.

In einem Zeitungsbericht wird oft nicht nur berichtet, sondern auch unterhalten, um zum Weiterlesen zu motivieren.

Wenn jemand einem anderen etwas berichtet, bezieht er sich in der Regel auf ein Ereignis in der Vergangenheit, das für den Hörer/Leser nicht mehr wahrnehmbar ist bzw. nicht beobachtet werden kann. Der Bericht stellt daher eine Form der Mitteilung dar, bei der der Hörer/Leser sachlich, klar und unmißverständlich über ein Ereignis, einen Vorfall, eine Begebenheit unterrichtet wird. Da es die Funktion des Berichtens ist, ein bereits abgelaufenes Geschehen darzustellen, ist die Tempusform das Präteritum. Der Berichtende muß sich überlegen, was er seinem Ansprechpartner sagen/schreiben muß, damit dieser sich das abgelaufene Geschehen in allen Details vorzustellen vermag.

Dabei darf nur das wiedergegeben werden, was den Tatsachen entspricht. Alle nur subjektiven Vermutungen, Wertungen oder Ungenauigkeiten müssen vermieden werden. Es kommt darauf an, ohne persönliche Meinungen die Fakten sprechen zu lassen. Das Gegenteil eines klaren und wahrheitsgemäßen Berichts ist eine tendenziöse Darstellung, in der Fakten verschwiegen oder allzu sehr mit eigenen Meinungsäußerungen vermengt werden. Es kommt im Bericht nicht, wie bei der Erzählung, auf Spannung an, sondern auf klare Informationen über die Ereignisse. Auch beim Berichten spielt der kommunikative Zusammenhang eine Rolle, d. h. Erwartungen, Annahmen, Vorstellungen über den Ansprechpartner sind beim Zustandekommen des Berichts von großer Wichtigkeit. Der Bericht muß genaue Angaben über Personen, Ort, Zeit, nähere Umstände machen. Dies kann man mit Hilfe der W-Fragen kontrollieren: Wer? Was? Wo? Wann? Wie? Warum? Einzelinformationen müssen im Bericht so miteinander verknüpft werden, daß der Gesamtsachverhalt und Zusammenhang deutlich wird. Dabei wird es auch auf die richtige Reihenfolge des Geschehens ankommen. Oft wird man am Anfang bereits das Wesentliche vorwegnehmen, um danach die Details nachzuschieben.

In Alltagssituationen (vor allem beim mündlichen Erzählen im Gespräch, aber auch z. B. in Briefen) gehen Berichten und Erzählen oft ineinander über. Der Begriff Erlebnisbericht scheint diesen Sachverhalt ebenfalls anzuzeigen! So erzählt/berichtet man im privaten Kreis über ein Ereignis, eine Reise, einen Vorfall, ein Geschehen, einen Unfall. Hier werden Erzählen und Berichten als persönliche, im Alltag übliche Mitteilungsformen verstanden.

Es gibt auch ein Berichten im strengen Sinne, z. B. wenn man sich an eine Institution wendet. Bei dieser Art des Berichtens werden die Geschehnisse möglichst ohne persönliche Beteiligung und Emotionen dargestellt. Doch auch hier wird der Sprecher/Schreiber nicht vermeiden können, daß seine Sicht und seine Perspektive der Wahrnehmung miteinfließt. Berichten ist daher eine nicht gänzlich objektive Art der Darstellung (vgl. zu diesem Zusammenhang: Praxis Deutsch, 28/78, S. 16ff).

Die Materialien dieser Unterrichtssequenz ermöglichen dem Schüler einen textanalytischen Zugriff und das eigene Produzieren von Texten. Diese beiden Tätigkeiten sind hier besonders eng miteinander verzahnt. Der kommunikative Zusammenhang des Berichtens ist in den Arbeitsanregungen berücksichtigt (vgl. Mat. 21, 24, 25); die Materialien zeigen auch, daß Berichten und Erzählen nicht trennscharf voneinander abzusetzen sind (Mat. 21, Mat. 24). Mit dem Dialog (Mat. 24) liegt ein Text vor, in dem mündlich berichtet wird; hier werden die Unterschiede gegenüber der schriftsprachlichen Standardnorm deutlich.

Bei dieser Sequenz ist es wichtig, mündliche Phasen einzuschieben, bei denen die Schüler über Ereignisse und Geschehnisse berichten können. Dabei sollte auf jeden Fall akzeptiert werden, daß Schüler tatsächlich abgelaufene vergangene Ereignisse, die sie beeindruckt haben, auch in erzählender Weise „berichten".

Grobziele der Sequenz

– In Texten zwischen eher berichtenden und eher erzählenden Teilen unterscheiden;
– über Geschehensabläufe berichten;
– aus der Sicht unterschiedlicher Personen einen Bericht für unterschiedliche Adressaten verfassen.

12. Stunde:
Über einen Sportunfall berichten

In dieser in den Bericht einführenden Stunde geht es um die Abgrenzung von Erzählen und Berichten. Aus Kommunikationssituationen, in denen erzählend berichtet wird, werden Impulse zu einem eher eindeutigen sachlich-neutralen Berichten entwickelt. In dem Brief (Mat. 21), der der Basistext der 12. Stunde ist, erzählt bzw. berichtet ein Schüler seinem Freund über den Unfallhergang während der Sportstunde. Der persönliche Bezug des Schreibers, das persönliche Mitempfinden, der Versuch, das Geschehen spannend und interessant darzustellen (wörtliche Rede, Ausruf u. a.) sind deutlich erkennbar. Nach dem Brief wird eine neue Kommunikationssituation vorgegeben: die Sportlehrerin soll einen Unfallbericht für die Schule oder die Versicherung schreiben. Die Schüler sollen sich in ihre Rolle versetzen. Sie werden die Notwendigkeit erkennen, sich auf Fakten, informative Details (Zeitangaben, Ortsangaben) und Darstellung des genauen Unfallhergangs zu beschränken. Sie sollen dabei die W-Fragen berücksichtigen.

Mit Mat. 22 wird eine Zeitungsstory vorgestellt, in der erzählende und berichtende Elemente aus Gründen der Lesermotivation deutlich vermischt sind. Die Schüler sollen die eher erzählenden und bewertenden Sätze und Ausdrücke (Konnotationen) benennen und die Geschehnisse in einem knappen, auf die Fakten beschränkten Bericht festhalten.

Der zweite Zeitungsbericht (Mat. 23) dient der Übung bzw. Differenzierung (als Hausaufgabe oder als Klassenarbeit möglich). Er könnte in ähnlicher Weise wie Mat. 22 bearbeitet werden.

Unterrichtsverlauf

Phase 1:
Die Darstellung eines Unfallhergangs untersuchen

In dieser Phase wird mit der kontrastiven Methode gearbeitet: aus einem Brief (Mat. 21), der die typischen Eigenarten einer erzählerischen Darstellung enthält, wird ein Bericht entwickelt. Der Schreiber des Briefes hat als Ich-Erzähler das Geschehen persönlich erlebt und schreibt aus dieser Beteiligung heraus. Der persönlich bekannte Adressat soll am Geschehen beteiligt werden. Deswegen werden Ausrufe und wörtliche Rede eingesetzt. Nach der Lektüre sollte vor allem herausgearbeitet werden, daß ein Geschehen wiedergegeben wird, an dem der Schreiber persönlich beteiligt war und mit dem er das Interesse seines Briefpartners wecken will. Wichtig ist es, den Ablauf des Geschehens genau festzuhalten, weil die einzelnen Fakten für den Bericht in Phase 2 vorausgesetzt werden.

Phase 2:
Einen Bericht über das Unfallgeschehen verfassen

Aufgabe dieser zentralen Phase der Stunde ist es, Kriterien für das Berichten zu entwickeln und diese Erkenntnisse in eine produktive Aufgabe umzusetzen. Zu Beginn werden die Schüler mit der neuen Kommunikationssituation, die im letzten Teil von Mat. 21 angedeutet ist, konfrontiert: die Sportlehrerin schreibt einen Unfallbericht für die Schulversicherung. Aus den kommunikativen Bedingungen (Absender, Adressat, Textart) wird dem Schüler bereits deutlich, daß dieser Bericht anders aussehen muß als die persönliche Darstellung im Brief. Ob der Lehrer an dieser Stelle auf andere Situationen im täglichen Leben eingeht, in denen auch Berichte geschrieben werden müssen, oder ob er dies zu einem späteren Zeitpunkt tut, müßte er aufgrund der konkreten Situation seiner Klasse entscheiden. Hier einige mögliche Beispiele:
Die Schüler haben sicher schon einmal erlebt, daß ihnen etwas gestohlen worden ist (z. B. ein Fahrrad). Der Diebstahl muß, bevor man der Versicherung schreibt, der Polizei gemeldet werden. Vielleicht sind Schüler auch schon einmal mit einem Schadensbericht, einem Zeugen- oder Unfallbericht konfrontiert worden. Alle Schüler kennen die unterschiedlichsten Berichte aus der Tageszeitung oder spezielle Berichte in ihrer Schülerzeitung (etwa über eine Schulveranstaltung).

Phase 2:
Einen Bericht über das Unfallgeschehen verfassen

Nun wird der Bericht von der Erzählung abgesetzt. Danach können in einer kurzen Partnerarbeit zu einigen W-Fragen – Was? Wer? Wann? Wo? – die entsprechenden Informationen aus dem Brief und dem Beginn des Schreibens an die Versicherung entnommen werden. Diese vier W-Fragen sind relativ einfach zu beantworten (Partnerarbeit). Die beiden weiteren W-Fragen (Wie? Warum?) sind nicht ganz so einfach zu beantworten wie die anderen Fragen. Nach der Zusammenfassung der Ergebnisse der Partnerarbeit werden sie vom Lehrer genannt und von den Schülern zu erklären versucht. Eine eindeutige Erklärung für den Unfall kann der Lehrer dabei allerdings nicht erwarten (vgl. loses Stundenblatt).
Dann erst sollte der Lehrer alle W-Fragen, die beim Verfassen eines Berichtes eine Hilfe sind, als Zusammenfassung an die Tafel schreiben (für den Schüler auch nachzulesen im Regelteil am Ende des

Materialienheftes). Danach sollen die Schüler in Stillarbeit den Bericht schreiben, der Anfang (Mat. 21) kann übernommen werden. Einige Schülerentwürfe sollten vorgelesen und besprochen werden.

Phase 3:
Die Hausaufgabe zur nächsten Stunde vorbereiten

Die Aufgabe (Mat. 22) knüpft an Phase 1 und Phase 2 der Stunde an und stellt eine Transferleistung dar. Die Schüler sollen unter Verwendung geeigneter W-Fragen (s. u.) den Zeitungstext in einen möglichst neutralen Sachbericht umschreiben, wobei es nicht darum geht, Gefühle der Leser anzusprechen oder Sensationsinteresse beim Leser auszulösen, sondern die Geschehnisse sachlich und nüchtern darzustellen.

Zu den W-Fragen:
Wo? Armenviertel Sanita in Neapel, Einraumwohnung
Wer? Familie der Anna Coma, insgesamt 12 Personen
Was? Rettung der dreijährigen Enkelin Emilia Coma durch den Schäferhund Rocky
Wie? Explosion einer Gasflasche, Feuer, Rettung des dreijährigen Kindes Emilia; Hund kommt um bei dem Versuch, das ältere Mädchen zu befreien.

Hat der Lehrer nur wenig Zeit, muß er sich mit einer kurzen Erklärung der Aufgabe begnügen, hat er mehr Zeit, kann der Zeitungstext angelesen und einige erzählende Elemente sowie bewertende Formulierungen herausgestellt werden. Eine Alternative für die Hausaufgabe wäre die Bearbeitung von Mat. 23. Da der Text im Unterricht nicht besprochen werden kann, könnte die Aufgabe von leistungs-

starken Schülern übernommen werden. Auch hier müßten die erzählenden Passagen („Ein Autofahrer … traute seinen Augen nicht!") erkannt und der Zeitungstext insgesamt in einen sachlichen Bericht umgesetzt werden.

Stundenziele

– Die Darstellung eines Unfallhergangs in einem Brief untersuchen und dabei den kommunikativen Zusammenhang herausarbeiten;
– zwischen erzählender und berichtender Intention unterscheiden;
– Kriterien für einen Bericht herausarbeiten;
– einen Unfallbericht für die Schulversicherung aus der Sicht der verantwortlichen Lehrerin verfassen;
– erzählende Elemente in einem Zeitungsbericht erkennen und diesen in einen neutralen sachlichen Bericht umschreiben.

13./14. Stunde:
Über einen Vorgang aus unterschiedlicher Sicht berichten

Vorbemerkungen

In dieser Doppelstunde soll schwerpunktmäßig der kommunikative Zusammenhang des Berichts verdeutlicht werden. Berichtet wird immer aus einer bestimmten Sicht und mit einem bestimmten Ziel. Die drei Aufgabenstellungen zu Mat. 24 machen dies deutlich. Aus einem Gespräch in der Familie Niggemann zwischen Mutter, Tochter und Vater sollen zunächst die wesentlichen Informationen zu einer Unfallsituation entnommen werden, an der Frau Niggemann und ihre Tochter als Zeugen beteiligt sind. Entsprechend werden den Schülern zwei unterschiedliche Schreibsituationen vorgestellt, bei denen sie die Sicht eines Schreibers übernehmen und dessen Rolle sie simulieren sollen. Im zweiten Teil der Aufgabe soll ein Bericht mit Skizze aus der Sicht Susannas geschrieben werden (kurzer Zeugenbericht für die Polizei). Die Darstellung darf sehr kurz sein. Sie sollte die wichtigsten Fakten und Ereignisse (Datum, Uhrzeit, Straße, Beteiligte, genauer Ablauf der Ereignisse) sowie den Sehwinkel und Standort des Unfallzeugen (Mutter und Tochter fahren dicht hinter dem Mopedfahrer) enthalten. Gewiß ist diese Situation gestellt: wahrscheinlich würde man im Ernstfall auch die Mutter um einen kurzen Zeugenbericht bitten. Für die Schüler ist es mit Sicherheit motivierender, aus der Sicht der Tochter zu schreiben. Sie sollen dabei im Ansatz erkennen, daß je nach Sichtweise des Berichtenden unterschiedliche Akzente bei der Berichterstattung gesetzt werden.

Der dritte Teil der Aufgabe verlangt eine berichtende Darstellung für eine Fachzeitschrift. Hier geht es darum, den Unfall für die Rubrik „Rechtsfälle im Alltag. Leser fragen – Juristen antworten" zu schildern. Weil der Schreiber Fachleute der Redaktion um Rat fragen will, hat ein solcher Bericht auch eine appellierende Funktion. Um seinen Fall auf interessante Weise darzustellen und leserfreundlich zu sein, wird der Verfasser auch eine entsprechende Einleitung erfinden müssen (Vorgabe im Materialienheft). Der Bericht wird im weiteren Verlauf, vielleicht auch mit Rücksicht auf Medium und Adressaten, kurze erzählende Passagen enthalten.

In bezug auf den Inhalt werden die Schüler überlegen müssen, was der Mopedfahrer herausstellen wird. Wahrscheinlich

wird es ihm wichtig sein darzustellen, daß er sich selbst an die Verkehrsregeln gehalten hat (rechte Fahrbahnseite, angemessene Geschwindigkeit, Tragen eines Sturzhelms), daß er durch das Verhalten des Fahrradfahrers überrascht worden ist und daß die Einsicht in den Bohlenweg durch Bäume und Büsche eingeschränkt ist. Weiterhin wird er auf die Autofahrerin und ihre Tochter als Entlastungszeugen verweisen.

Die Bearbeitung der Materialien macht eine Doppelstunde erforderlich. Es kostet geraume Zeit, aus dem Gespräch die entsprechenden Informationen zu dem Unfall zu entnehmen. Danach müssen zwei Berichte verfaßt werden. Je nach Zeitsituation könnten diese nach entsprechender Vorbesprechung auch in arbeitsteiliger Gruppenarbeit verfaßt werden.

Unterrichtsverlauf

Vorphase:
Besprechung der Hausaufgabe

Die Besprechung der Hausaufgabe, in der es ja darum ging, erzählende Elemente in Zeitungstexten zu erkennen und diese in einen sachlich-neutralen Bericht umzuformen, führt in das Zentrum der Stunde, in der es ja insbesondere um das Berichten im kommunikativen Zusammenhang geht (Berichten aus unterschiedlicher Sicht, für unterschiedliche Leser, mit unterschiedlicher Absicht). Bei der Besprechung der Hausaufgabe sollte noch einmal deutlich auf die W-Fragen verwiesen werden, damit sie für die folgende Phase präsent sind.

Phase 1:
Informationen zu einer Unfallsituation

In dieser Phase geht es darum, aus einem Gespräch über einen Unfall (dieses enthält wiederum, wie in Alltagsgesprächen üblich, eine ganze Reihe erzählender Elemente) die zugrunde liegenden Geschehnisse und Fakten zu entnehmen. Im Unterrichtsgespräch und kurzer Partnerarbeit sollen die W-Fragen in bezug auf den Text beantwortet werden. Dies dürfte den Schülern keine Schwierigkeiten machen, zumal das Verfahren aus der letzten Stunde bekannt ist.

Phase 2:
Bericht aus der Sicht einer Zeugin

In dieser und der folgenden Phase sollen die Schüler selbst schreiben. Da von einer Doppelstunde ausgegangen wird, kann der Einzelarbeit (Stillarbeit) angemessene Zeit gewidmet werden. Sollte keine Doppelstunde zur Verfügung stehen, müßte nach der Phase 2 ein Einschnitt gemacht werden, um die Besprechung der Aufgabe in eine Einzelstunde zu verlegen.
Das Unterrichtsgespräch zu Beginn der Phase hat die Funktion, den Schülern klar zu machen, aus welcher Sicht der Bericht Susannas, die Zeugin ist, erfolgt. Die Schüler sollen zumindest im Ansatz erfassen, daß Berichten aus einer bestimmten (eingeschränkten) Sicht erfolgt und deswegen wohl nie ganz objektiv sein kann. Die wertende Stellungnahme in Susannas Bericht ist die, daß sie den Mopedfahrer entlastet, weil sie das Auftauchen des Jungen als plötzlich und überraschend erlebt hat.
Für den Anfang des Zeugenberichts, den die Schüler schreiben sollen und bei dem sie erfahrungsgemäß oft Schwierigkeiten haben, wird eine Hilfe gegeben, indem der Anfang gemeinsam erarbeitet wird. Er könnte an die Tafel geschrieben und von den Schülern beim Aufschreiben ihres Berichts übernommen werden. Die Unfallskizze als Vorgabe ist eine weitere Hilfe bei der Abfassung des Berichts, weil

Unfallort und Lage der Straßen zueinander nicht eigens erläutert werden müssen. Die Stillarbeit (jeder Schüler sollte den Bericht formulieren) sollte etwa 10–12 Minuten dauern, die Besprechung bezieht die vorher erarbeiteten Kriterien mit ein. Der Lehrer könnte diese Kriterien auch an die Tafel schreiben, um die Besprechung zielgerichtet ablaufen zu lassen. Es wäre außerdem sinnvoll, wenn der Lehrer sich während der Stillarbeit über typische, zum Vorlesen geeignete Arbeiten, an denen für die anderen Schüler besondere Erkenntnisse für die eigene Arbeit zu gewinnen sind, einen Überblick verschafft. Dies können Arbeiten sein, die die Sichtweise Susannas besonders deutlich getroffen haben, aber auch Arbeiten, die diese Sichtweise verfehlt haben. Auf keinen Fall sollte allerdings der Eindruck erweckt werden, als würde ein Schüler für eine Arbeit, in der die Aufgabenstellung verfehlt ist, diskriminiert. Der Übungseffekt sollte im Vordergrund stehen.

Phase 3:
Bericht aus der Sicht eines Unfallbeteiligten

Auch in dieser Phase geht es um eine Produktionsaufgabe. Zunächst wird im Unterrichtsgespräch die Sichtweise des Mopedfahrers thematisiert. Wie sähe sein Bericht für die Polizei aus? Auch sein Bericht wäre durch seine spezielle Sichtweise geprägt (z. B. Herausstellung seiner eigenen Unschuld, Hinweis auf das verkehrswidrige Verhalten des Radfahrers und das eigene verkehrsgerechte Verhalten). Dieser Beginn der Phase 3 ist aber nur als eine Anknüpfung an Phase 2 gedacht – das nochmalige Verfassen eines Berichts für die Polizei wäre für die Schüler demotivierend. Daher wird mit der neuen Schreibaufgabe (Mat. 24c) eine andere kommunikative Situation vorgegeben.

Angesprochen sind die Leser einer Fachzeitschrift für Jugendliche. Bevor die Schüler den Bericht schreiben, werden Absicht des Schreibers und mögliche Erwartungen des Lesers reflektiert. Daraus wird ableitbar, daß der Bericht auch erzählende Elemente enthalten könnte (vgl. auch die Zeitungsberichte Mat. 22 und Mat. 23), um das Interesse der Leser anzusprechen und die Informationen auf interessante Weise zu verpacken. Schließlich verfolgt der Text auch noch die Absicht, einen kostenlosen Rat bei dem juristischen Fachmann der Zeitschrift einzuholen. Die entsprechende Aufforderung oder Bitte müßte also auf irgendeine Weise auch in dem Artikel enthalten sein. Die unverzichtbaren Fakten (W-Fragen) dürfen natürlich auch in diesem Text nicht fehlen. Nach der Vorbesprechung sind die Schüler hoffentlich zur Ausformulierung des Textes in der Lage. Die Besprechung der Schülerarbeiten verläuft nach den zuvor erarbeiteten Kriterien. Eine sinnvolle *evtl. Hausaufgabe* wäre eine Überarbeitung beider Berichte.

Zusätzlicher Hinweis: Um den Schülern zu verdeutlichen, daß Berichte ihren Zusammenhang im Leben haben, könnte der Lehrer in einer Übungsstunde zu der fiktiven Unfallsituation Zeugen-Fragebogen ausfüllen lassen, die man sich bei Polizeidienststellen besorgen kann.

Stundenziele

- Aus einem Gespräch die Zusammenhänge über eine Unfallsituation rekonstruieren;
- aus der Sicht einer Zeugin einen Unfallbericht für die Polizei verfassen;
- aus der Sicht des am Unfall beteiligten Mopedfahrers einen Bericht für eine Fachzeitschrift verfassen und dabei die Leser dieser Zeitschrift berücksichtigen.

15. Stunde:
Ein Geschehen für unterschiedliche Adressaten berichten
(ohne Stundenblatt)

Vorbemerkungen

Diese Stunde stellt eine Übungsstunde dar. Basistext der Stunde ist der Erzählbericht „30 Minuten im eisigen Fluß" (Mat. 25). Verglichen mit den vorausgegangenen Arbeitsmitteln stellt dieser Text aufgrund der komplexen Informationen, der dichten Geschehnisse und der vielen Namen eine höhere Anforderung an Lese- und Abstraktionsvermögen der Schüler.

Die Stunde schließt deutlich an die vorangehenden Stunden und die dort bearbeiteten Materialien an. Auch dieser Text enthält neben berichtenden Passagen (genaue Zeit- und Ortsangaben, Namen) auch erzählende Teile (Spannung, wörtliche Rede).

Ob der Lehrer aus dem didaktischen Angebot eine Einzel- oder Doppelstunde konzipiert, muß er aufgrund seiner konkreten Unterrichtssituation entscheiden. Bei einer Doppelstunde könnten schülerbezogene Sozialformen (wie Partnerarbeit, Gruppenarbeit) stärker im Vordergrund stehen.

Zum Text:
Das Datum (Sonntag, 3. März 1974), der Ort (Fort Saskatchewan in der kanadischen Provinz Alberta), die Namen und der Anlaß (Geburtstagsfeier der dreißigjährigen Joyce Hoogland) verweisen bereits auf den authentischen Anspruch des Textes. Zur inhaltlichen Klärung sollten die Namen und das Alter der einzelnen Kinder herausgestellt werden:

Ricky Hoogland (8 Jahre, ruft um Hilfe)
Gregory Hoogland (5 Jahre, Unfallopfer)
Jamie Hoogland (4 Jahre)

David Hockett (13 Jahre)
Shane Bubel (12 Jahre)

Karen Rausch
Susan Heiland $\big\}$ 13jährige Mädchen
Dianne Parfett

Zunächst ist herauszustellen, daß der Text auch erzählender Art ist. Ein auktorialer Erzähler gibt einen Überblick über das Geschehen. Im Anfangsteil wird die Ausgangssituation (Zeit, Ort, Anlaß, Gefahr) dargestellt. Danach werden Unfall und Rettung wiedergegeben. Die häufig eingestreute wörtliche Rede sorgt für Spannung; die Darstellung der Handlung setzt persönliche Akzente, die Darstellung von Details sorgt für Anschaulichkeit, z. B.: „Mit dem ganzen Überschwang eines Fünfjährigen näherte sich Gregory dem offenen Wasser. Plötzlich knackte das Eis unter ihm und barst . . . Seine Worte bildeten in der Luft winzige Dampfwölkchen."
Ein Bericht wird auf derartige Passagen verzichten und stattdessen die Fakten hervorheben. Der Bericht Davids bzw. Karens – das ist der Arbeitsauftrag für die Schüler – wird dort einsetzen müssen, wo die beiden Kinder in das Geschehen einbezogen werden. Der gesamte erste Teil des Geschehens (Geburtstagsfeier, Kinder werden nach draußen geschickt) muß ausgeklammert werden. Übernommen werden lediglich Datum und Name des Stromes.

Unterrichtsverlauf

Phase 1:
Die Textvorlage untersuchen

In dieser Phase muß es zunächst darum gehen, den Text zu lesen, die Geschehenszusammenhänge zu ordnen und die wichtigen Angaben (Zeit, Ort, Protagonisten des Geschehens) zu entnehmen. Die Lektüre des Textes durch die Schüler könnte mit einem kurzen Arbeitsauftrag begleitet werden: Achtet auf die wichtigsten Fakten. Macht euch Notizen. Nutzt auch die W-Fragen.

Das folgende Unterrichtsgespräch sollte dann an diesen Auftrag anknüpfen. Zusammenfassung (Ergebnissicherung):

Was?
Gegen drei Uhr verlassen die beiden Hoogland-Kinder Ricky und Gregory das Haus. Sie begeben sich zum Fluß und gehen an der Bahnbrücke aufs Eis hinaus. Gregory stürzt in den Fluß, Ricky ruft um Hilfe. David und Shane werden aufmerksam. David kommt dem Verunglückten zu Hilfe. Shane holt drei Mädchen; eine davon, Karen, leistet Erste Hilfe. Ein Autofahrer informiert die Polizei.

Wer?
Gregory Hoogland (5)
– Unfallopfer
Ricky Hoogland (8)
– ruft um Hilfe
David Hockett (13)
– Retter
Shane Bubel (12)
– Helfer
Karen Rauch (13)
– Helferin
Susan Heiland (13)
Dianne Parfett (13)

Wann?
Sonntag, 3. März 1974, drei bis vier Uhr nachmittags, Unfallhergang gegen vier Uhr

Wo?
Fort Saskatchewan in der kanadischen Provinz Alberta; Quellfluß des Saskatchewan fließt etwa 1 km vom Haus der Hooglands entfernt.

Danach sollten sich die Schüler dazu äußern, inwieweit der Text über einen reinen Bericht hinausgeht. Impulse: Ist dies ein Bericht? Inwiefern enthält der Text auch Erzählendes? Wer erzählt?

Erkannt werden sollte, daß die genauen Orts- und Zeitangaben sowie Namen und Alter der beteiligten Kinder auf Authentizität verweisen. Die Ereignisse des Erzählberichts werden von einem auktorialen Erzähler dargestellt, Spannungsaufbau und wörtliche Rede sind typisch für Erzählungen. Die Schüler sollten entsprechende Textbelege nennen.

Zum Aufbau könnte folgendes herausgestellt werden:

Einleitung: Zeit- und Ortsangaben; Anlaß: Geburtstagsfeier; die beiden Jungen gehen zum Spielen.

Hauptteil/Spannungsaufbau: Die beiden Jungen gehen aufs Eis; einer der beiden verunglückt; zwei Jungen hören Hilferufe; drei Mädchen sind in der Nähe; Rettungstat als Höhepunkt.

Schlußteil/Lösung der Spannung: Der Junge wird durch glückliche Umstände gerettet.

Phase 2:
Einen Bericht aus der Sicht Davids bzw. Karens verfassen

Den Schülern wird zu Beginn dieser Phase die Aufgabe gestellt, aus der Sicht Davids oder Karens einen Bericht über die Geschehnisse für die Polizei zu verfassen. Dies ist eine sinnvolle Arbeitsmöglichkeit für eine arbeitsteilige Gruppenarbeit. In beiden Gruppen sollte jedoch die jeweilige Gruppe in Einzelarbeit vorgehen, denn Schreiben ist eine individuelle Tätigkeit und kann nur durch eigene Schreibversuche verwirklicht und gefördert werden. Zunächst wird in einer kurzen Vorbesprechung herausgestellt, daß alle erzählenden Passagen ausgelassen werden sollen, weil es lediglich um die Darstellung der wesentlichen Fakten und Ereignisse bzgl. des Rettungsvorgangs geht. Zu fragen ist, was David oder Karen aus ihrer Sicht der Dinge wissen können. Der gesamte erste Teil des Geschehens muß daher ausgeklammert werden (außer Datum, Tageszeit und Ort des Geschehens). Für David setzt das Geschehen ein, als er die Hilferufe des Achtjährigen hört, für Karen, als Shane Bubel die rodelnden Mädchen zu Hilfe holt.

Die Schülerinnen und Schüler sollten sich aussuchen dürfen, aus welcher Sicht sie ihren Bericht schreiben. Weitere Hilfen als die obengenannten sind kaum notwendig, da hier gelernte Fähigkeiten auf einen neuen, allerdings schwierigen Sachverhalt übertragen werden. Auch die Besprechung sollte in der gewohnten Form erfolgen (vgl. die Stunden 12–14).

Der Bericht Davids könnte etwa folgendermaßen beginnen:

Es war Sonntag, 3. März 1974, etwa gegen vier Uhr.

Mein Freund Shane Bubel und ich, David Hockett, hatten unter der Straßenbrücke ein Feuer gemacht, um uns zu wärmen. Plötzlich hörten wir Hilferufe. Ich sah einen etwa achtjährigen Jungen, der schreiend auf den Fluß hinauswies. Ich erkannte, daß dort ein Kind im Fluß trieb. Ich schrie Shane zu, einige rodelnde Mädchen zu Hilfe zu holen. Ich selbst lief aufs Eis hinaus ...

Phase 3:
Einen Bericht aus der Sicht Shanes für die
Schülerzeitung verfassen

Falls die Übungsstunde als Doppelstunde konzipiert wird, wäre ein Bericht aus der Sicht Shanes ein weiterer sinnvoller Schreibanlaß. Vor der Stillarbeit wäre im Unterrichtsgespräch insbesondere herauszustellen, welcher Aspekt bei einem derartigen Bericht besonders betont wird. Shane Bubel wird wahrscheinlich die Rettungstat seines Freundes herausstreichen, sie als Beispiel für ein mutiges Verhalten darstellen und möglicherweise verschiedene Appelle anschließen, den Fluß, auch wenn er zugefroren scheint, nicht zu betreten oder auch Erste-Hilfe-Kurse zu besuchen, weil sich hier erwiesen hat, daß Karens Hilfeleistung dem Jungen das Leben gerettet hat. Insofern wird ein solcher Bericht auch erzählende und appellierende Teile enthalten und in der Art der Darstellung wenig der Vorlage gleichen. Dennoch wird das authentische Moment, der Bericht über eine tatsächlich abgelaufene geglückte Rettung, im Vordergrund stehen.
Ein solcher Text könnte etwa folgendermaßen beginnen:
Alle mal herhören, Leute!
Ihr habt ja alle gehört, was in der letzten Woche bei uns passiert ist. Die Zeitungen stehen ja voll davon. Manches davon stimmt, etliches ist aber auch übertrieben oder verzerrt die tatsächlichen Ereignisse. Ich war dabei und weiß genau, wie es war. Heute könnt Ihr also einen Bericht im Originalton lesen! Und so fing alles an. David und ich waren . . .

Falls diese Übungsstunde als Einzelstunde konzipiert wird, eignet sich die in Phase 3 gegebene Aufgabe auch als Hausaufgabe. Bei einer Doppelstunde könnte als Hausaufgabe der Bericht (Karens oder Davids) aufgegeben werden, der im Rahmen der Stunde (Phase 2) nicht bearbeitet worden ist.

Stundenziele

– Den Erzählbericht auf berichtende und erzählende Teile untersuchen und die Fakten nach den bekannten W-Fragen ordnen;
– aus der Sicht des Retters oder seiner Helferin einen Bericht für die Polizei verfassen;
– aus der Sicht eines beteiligten Jungen die Geschehnisse in der Schülerzeitung darstellen.

Appellieren

Allgemeine Hinweise zur Unterrichtseinheit

Appellieren ist abgeleitet von dem lateinischen Wort appellare = auffordern, ansprechen, bewegen.

Beim Sprachverhalten *Appellieren* geht es also darum, das Verhalten des Ansprechpartners zu lenken und ihn zu einer gewünschten Reaktion, Handlung oder Einstellung zu bewegen.

Mit Aufforderungen oder Appellen kann man Interesse wecken für ein privates Anliegen (z. B. für den Kauf eines Haustieres) oder auch für ein öffentliches Anliegen (gesellschaftliche Mißstände oder Verbesserungsmöglichkeiten), z. B. in einem Aufruf gegen Experimente mit Tieren. Ansprechpartner (Zuhörer oder Leser) werden also bei appellierender Absicht des Sprechers oder Schreibers dazu aufgefordert, etwas zu tun oder zu unterlassen.

Über Sprechhandlungen des Aufforderns lassen sich öffentliche und private Konflikte austragen, indem zum Beispiel in Auseinandersetzungen eine Beschwerde vorgetragen oder eine solche zurückgewiesen wird. Da es bei solchen Auseinandersetzungen auch um ein Erörtern von Sachverhalten geht, wird der Sprecher oder Schreiber auch Informationen einbeziehen.

Den Ansprechpartner auffordern kann man mündlich oder auch schriftlich. Appellierende Texte begegnen uns in unterschiedlichen Formen: als Rede, Brief, Einladung, Flugbatt, Aufruf, Plakat, Zeitungsanzeige. Bei mündlichen Aufforderungen (Gespräch, Rede, Aufruf) kann der Sprecher auch durch Betonung und Sprechtempo zum Ausdruck bringen, wie er seine Aufforderungen verstanden wissen möchte. Aufforderungen sind nicht immer an Sprache gebunden, auffordern kann man auch durch Gestik und Gesichtsausdruck oder durch Bildzeichen. Wie eine Aufforderung formuliert wird, hängt ab von der Situation, in der sich Sprecher/Schreiber und Zuhörer/Leser befinden, und von der Absicht, die der Sprecher/Schreiber verfolgt. Aufforderungen lassen sich nach ihrer Dringlichkeit sehr fein abstufen. So kann man durch die Art und Weise, wie man auffordert, Befehl, Verbot, Anweisung, aber auch Anregung, Rat oder Bitte zum Ausdruck bringen. Die Aufforderung kann in der Form einer höflichen Andeutung (Bitte/Hinweis) aber auch als strikte Anweisung gegeben werden.

Aufforderungen kann man sprachlich in unterschiedlicher Weise formulieren:
- durch Aufforderungssätze (Helft mit beim Tierschutz!),
- durch die Verbformen Imperativ (Helft mit!) und Infinitiv (Mitmachen!),
- durch die Modalverben müssen, dürfen und sollen (Ihr alle müßt mitmachen!),
- durch Konjunktivformen (Auch ihr könntet mitmachen!).

Welche Aufforderung und welche sprachliche Form gewählt wird und welche erfolgreich ist, hängt unter anderem von folgenden Voraussetzungen ab:
- von der Situation (Wo befinden sich die Beteiligten?),

– vom Verhältnis der Partner (Was kann ich ihm zumuten? Was erwartet er von mir?),
– von den sprachlichen Voraussetzungen der beiden Partner (Versteht er, was ich von ihm will?).

Aufforderungen sind oft auch in Äußerungen versteckt, weil sie auf indirekte Weise gegeben werden. So kann zum Beispiel in einer bestimmten Situation ein Fragesatz auch eine Aufforderung enthalten, z. B.: Ist der Vogelkäfig noch nicht sauber? Auch die Modalverben *wollen* und *können,* die normalerweise ausdrücken, daß der Handelnde seine Tätigkeiten selbst bestimmt, können zu einer wirkungsvollen Aufforderung eingesetzt werden, z. B.: Willst du jetzt wohl anfangen? Man spricht hierbei von indirekten Aufforderungen.

Durch die sprachliche Machart lassen sich Aufforderungen in ihrer Dringlichkeit auch abschwächen oder verstärken. Dies kann geschehen durch
– rhetorische Fragen (Sie lieben doch Tiere?),
– durch Alliteration (Täglich für den Tierschutz tätig!),
– positive Darstellung durch Hochwertwörter (prima) oder bewertende Adjektive (Eine ausgezeichnete Möglichkeit für den Tierschutz!).

Zum Aufbau der Unterrichtseinheit

Die Unterrichtseinheit *Appellieren,* die in dieser Form als geschlossene Lerneinheit bearbeitet werden sollte, umfaßt insgesamt 8 Unterrichtsstunden. Vorausgesetzt werden können in dieser Unterrichtseinheit in der Regel Kenntnisse aus dem Grammatikunterricht. Schüler sollten die wichtigsten Wortarten kennen (Substantiv, Verb, Adjektiv, Präposition, Konjunktion) sowie über Satzarten Bescheid wissen (Fragesatz, Aufforderungssatz, Aussagesatz). Die Satzarten kennzeichnen die entsprechenden Redeabsichten und die damit zusammenhängenden sprachlichen Handlungen nur unvollständig. Wichtig ist die Erkenntnis, daß eine Aufforderung in jeder Satzart ausgedrückt werden kann.

Schwerpunktmäßig wird in dieser Unterrichtseinheit das Auffordern als partnerbezogenes sprachliches Handeln bearbeitet. Sollten die o. g. Voraussetzungen im Grammatikunterricht noch nicht geschaffen sein, müßten die noch fehlenden Wortarten und die Satzarten im Zusammenhang der jeweiligen Unterrichtsstunde begrifflich eingeführt werden.

Da die Unterrichtseinheit *Appellieren* beim Schüler eine hohe Abstraktionsfähigkeit verlangt und als Voraussetzung die Kenntnis von Wortarten und Satzarten erwartet wird (vgl. oben!), wird empfohlen, diese Einheit erst in der 6. Jahrgangsstufe zu bearbeiten.

Inhaltlich ist die Thematik „Tier" durchgehalten, die 10- bis 12jährige Schüler in-

teressiert. Im ersten Teil der Lerneinheit
(1. bis 4. Stunde) werden die Schüler
durch Analyse verschiedener Materialien
mit Aufforderungshandlungen (mündlich/
schriftlich; direkt/indirekt) vertraut gemacht. Dabei werden sie von situativ eingebetteten einzelnen Aufforderungen bis
zum komplexen Text geführt. Immer wieder sind dabei jedoch, sei es als Hausarbeit, sei es als Stillarbeit, Produktionspha-
sen eingearbeitet.

Im zweiten Teil der Unterrichtseinheit (5.
bis 8. Stunde) steht die Produktion im
Vordergrund. Hier sollen für die Situation
des Schülers relevante appellierende Texte verfaßt werden (z. B. Suchanzeige, Plakat, Brief). In der 8. Stunde sollen die
Erkenntnisse an Bild-Text-Zusammen-
hängen vertiefend eingeprägt werden.

Die Auflistung der Regeln auf Seite 65
des Materialteils bietet den Schülern bei
Aufgaben in der Schule und bei der Hausarbeit eine Orientierungshilfe und die
Möglichkeit zur Wiederholung.

Als Klassenarbeiten eignen sich in dieser
Unterrichtsreihe insbesondere das Schreiben eines Artikels für die Schülerzeitung
und das Verfassen eines Briefes (7.
Stunde).

Grobziele der Unterrichtseinheit

– Unterschiedliche Aufforderungen untersuchen;
– Aufforderungen und Aussagen unterscheiden;
– direkte und indirekte Aufforderungen
  kennenlernen und unterscheiden;
– Aufforderungen nach Situationseinbettung, Adressaten, Absicht und sprachlicher Form untersuchen;
– appellierende Texte verfassen und sich
  dabei an erlernte Kriterien halten;
– die appellierende Wirkung von Bild-
  Text-Zusammenhängen untersuchen.

Beschreibung der Unterrichtsstunden

1. Stunde:
Unterschiedliche Aufforderungen untersuchen

Vorbemerkungen

In dieser Stunde wird noch nicht von *Appellieren* gesprochen (dieser Begriff wird in einer späteren Stunde eingeführt). Zur Verständigung wird vorerst der Begriff *Auffordern* benutzt, der allgemein bekannt sein dürfte und durch die unterschiedlichen Situationen auf der Collage von Mat. 1, die in dieser Stunde analysiert wird, anschaulich wird.

Die Collage enthält unterschiedliche Aufforderungen, die in die Situation *Zoobesuch* eingebettet sind. Diese Aufforderungen sind an Kinder gerichtet, so daß der Bezug zu außerschulischen Situationen der Schüler gegeben ist. In einem ersten Zugriff auf die Thematik geht es darum, über die verschiedenen Situationen zu sprechen, die unterschiedlichen, situativ eingebetteten Aufforderungen als solche zu erkennen und erste Unterscheidungen (s. u.) vorzunehmen. Vorausgesetzt wird, daß den Schülern aus dem Grammatikunterricht die unterschiedlichen Satzarten (Aufforderungs-, Frage- und Aussagesatz) vertraut sind.

Die Collage enthält mündliche Aufforderungen und schriftliche Aufforderungen (zwei Schilder, eine werbende Plakattafel, einen Textausschnitt aus einem Zooführer). Auch die Adressaten sind bei einigen Aufforderungen auszumachen (Kinder und Erwachsene, Peter, Britta, ein Junge, Hundebesitzer). Der Sprecher/Schreiber kann einige Male vermutet werden (ein Wärter, die Zooleitung, ein Schü-

ler oder eine Schülerin). Unterschiedliche Dringlichkeitsgrade von Aufforderungen sind erkennbar (neutrale, direkte Aufforderung: Britta, hol doch mal . . . ! / Besuchen Sie . . . ! Aufpassen!; höfliche Bitte: Bitte, empfehlen sie uns . . . ! / Könntest du mal . . . !; strikte Anweisung: Nicht so nah! / Vorsicht! / Aufpassen; Verbot: Hier dürfen wir nicht . . . / . . . darf nicht übertreten werden!).

Unterrichtsverlauf

Phase 1:
Zu der Bild-Text-Collage Stellung nehmen

In dieser Phase sollte den Schülern ausreichend Zeit gelassen werden, zu der Collage in freier Form Stellung zu nehmen. Die Schüler werden ihr Augenmerk wahrscheinlich von vornherein auch auf das Sprachliche richten und nicht nur auf den Inhalt eingehen. Es ist zu erwarten, daß sie auf der inhaltlichen Ebene die wesentlichen Punkte ansprechen, z. B.: es werden Hinweise gegeben, es werden Menschen angesprochen, sie sollen sich auf bestimmte Weise verhalten, es werden Wünsche und Verbote zum Ausdruck gebracht. Am Schluß dieser Phase kommt es darauf an, daß der Lehrer die wesentlichen Schüleräußerungen zusammenfaßt, um auf die nächste Stundenphase hinzuarbeiten, in der es darum geht, den Begriff *Aufforderung* mit Inhalt zu füllen. Falls dieser Begriff in Phase 1 bereits von den Schülern genannt wird, kann sofort daran angeknüpft werden.

Phase 2:
Einzelne Aufforderungen nachweisen

Diese Phase knüpft direkt an die Spontanphase an. In einem gelenkten Unterrichtsgespräch geht es zunächst darum, durch entsprechende Impulse die Bedeutung der Sprachhandlung *Auffordern* zu klären. Es soll herausgestellt werden, daß es bei allen Aufforderungen um die Absicht des Sprechers/Schreibers geht, beim Empfänger (Hörer/Leser) zu erreichen, etwas Erwünschtes zu tun (z. B. durch eine Bitte) bzw. etwas Unerwünschtes zu unterlassen (z. B. durch ein Verbot). Danach könnte der Lehrer den Begriff *Aufforderungen* einführen, falls er nicht bereits in Phase 1 von den Schülern selbst genannt worden ist. Mit dem Begriff soll in späteren Stunden der Reihe gearbeitet werden (z. B. direkte/indirekte *Aufforderungen),* deshalb muß er den Schülern zur Verfügung stehen.

Der Tafelanschrieb (s. Stundenblatt) soll verdeutlichen, welche Absicht Sprecher/Schreiber mit Aufforderungen haben, nämlich auf den Adressaten hinzuwirken, etwas Erwünschtes zu tun oder etwas Nichterwünschtes zu unterlassen. Noch nicht thematisiert werden an dieser Stelle Abstufung und Dringlichkeit von Aufforderungen (von der höflichen Bitte bis zu strikter Anweisung). Das wäre für die erste Stunde eine Überfrachtung. Sollten die Schüler allerdings bereits mit derartigen Unterscheidungen kommen (z. B. höfliche Form einer Aufforderung: Könntest . . .? / Anweisung: Vorsicht!), sollte der Lehrer diese aufnehmen, aber noch nicht systematisch weiterverfolgen.

Phase 3:
Eine erste Systematik in bezug auf das ‚Appellieren‘ entwickeln

In dieser Phase geht es um einen ersten Systematisierungsversuch in bezug auf die Form der Aufforderung und die Beteiligten. Die Begriffe *Absender* und *Empfänger* werden vorausgesetzt. Falls aber diesbezüglich noch Unklarheiten bestehen, kann der Lehrer die beiden Begriffe aus ihrer alltäglichen Bedeutung heraus erklären lassen (z. B. Brief, Radio, Fernsehen). Im Unterrichtsgespräch könnte der Lehrer auch von Sprecher/Schreiber und Hörer/Leser sprechen, zumal es sich bei Mat. 1 um mündliche und schriftliche Aufforderungen handelt. An den einzelnen Beispielen sollte im einzelnen geklärt werden, ob sich der Absender bzw. Empfänger genau feststellen läßt oder ob nur Vermutungen darüber geäußert werden können. Deutlich werden sollte auf jeden Fall, daß sich Aufforderungen immer auf ein Gegenüber richten, um sein Verhalten oder seine Einstellung zu beeinflussen. Im letzten Teil der Phase 3 soll in einem ersten Zugriff versucht werden, die Schüler darauf aufmerksam zu machen, daß es direkte Aufforderungen (Aufforderungssätze) gibt und eher versteckte Aufforderungen. Diese Information sollte vorerst genügen. Die Erkenntnis, daß auch Fragesätze und Aussagesätze Aufforderungen sein können, kann hier lediglich angebahnt und vorbereitet werden (direkte und indirekte Aufforderungen sind Schwerpunkte der nächsten Stunde).

Am Ende dieser Phase sollen die Schüler die Ergebnisse zusammenfassen. Bei Zeitmangel könnte dies der Lehrer auch selbst tun.

Als *Hausarbeit* wird (nach dem deutlich analytischen Charakter der Stunde) eine Produktionsaufgabe gegeben. Es sollen zehn mündliche Aufforderungen aus dem eigenen Erfahrungsbereich gefunden werden, bei denen es auch um Tiere geht. Absender und Empfänger sollen aus der Aufforderung eindeutig hervorgehen.

Stundenziele

– Auf einer Bild-Collage verschiedene Aufforderungen erkennen,
– feststellen, daß mit Aufforderungen die Absicht verfolgt wird, den Adressaten zu einer bestimmten Handlung zu beeinflussen (etwas zu tun / etwas zu unterlassen),
– Aufforderungen kennzeichnen und unterscheiden (mündliche Form / schriftliche Form; Absender/Empfänger; Absicht),
– in einem ersten Zugriff erkennen, daß es Aufforderungen gibt, die deutlich als solche in Erscheinung treten und daß es versteckte Aufforderungen gibt.

2./3. Stunde:
Aufforderungen nach Form und Dringlichkeit unterscheiden

Vorbemerkungen

In dieser Doppelstunde geht es darum, die Intentionen aus der 1. Stunde aufzunehmen und weiterzuführen. Die Schüler sollen lernen, zwischen direkten Aufforderungen (in der Form des Aufforderungssatzes oder einer entsprechenden Verbform) und zwischen indirekten Aufforderungen (als Fragesatz oder Aussagesatz) zu unterscheiden. Im Zentrum der Doppelstunde steht die Erkenntnis, daß Aufforderungen mit unterschiedlicher Dringlichkeit formuliert werden können: sie gehen von der höflichen Bitte bis zur strikten Anweisung.

Für diese Doppelstunde sind verschiedene Arbeitsmittel vorgesehen. In Mat. 2 sind Aufforderungssätze, Aussagesätze und Fragesätze zusammengestellt. Dabei sind etliche Aussagesätze als Aussagen gemeint (z. B. In der Freiheit sind Sattelrobben . . .) und etliche Fragesätze als echte Fragen (Wann beginnt die Fütterung der Seelöwen?); etliche Aussage- und Fragesätze können aber auch als Aufforderung verstanden werden (z. B. Sie möchten doch sicherlich . . .? Auch wir protestieren . . .).

Mat. 3 dient vor allem der Wiederholung und Vertiefung des mit Mat. 2 Erlernten. Das Thema Zoo wird aufgegeben, das Thema Tiere jedoch beibehalten. Die Aufforderungen sind hier in unterschiedliche Situationen eingebettet. Es werden vor allem schriftliche Aufforderungen vorgestellt (im Anschlag am Wandbrett, öffentlicher Aufruf, privater Aufruf, auf Schildern, im Brief, Anweisung für Fahrschüler, Gesetzestext). Die bisherigen Erkenntnisse können überprüft werden: Situationseinbettung, Ansprechpartner (z. B. Klasse, Mitschüler), die Absicht im Hinblick auf erwünschtes bzw. nicht erwünschtes Verhalten (z. B. Hunde an die Leine nehmen, Tieren ein neues Zuhause geben, Bewegungsbedürfnis eines Tieres nicht einschränken). Deutlich sind in diesem Arbeitsmittel auch unterschiedliche Abstufungen der Dringlichkeit enthalten, die in einer bestimmten sprachlichen Form zum Ausdruck kommen (z. B. Anweisung durch die Infinitivform oder das Modalverb ‚muß‘, höfliche Bitte mit der Konjunktivform ‚könnten‘).

Mat. 4 ist das zentrale Arbeitsmittel dieser Doppelstunde. Hier wird an einer Aufforderungssituation (ein Vogelkäfig soll gesäubert werden) die unterschiedliche Dringlichkeit von Aufforderungen vorgeführt.

Mit Mat. 5 wird eine Redesituation vorgegeben, zu der Aufforderungen mit unterschiedlicher Dringlichkeit formuliert werden sollen. Die Schüler können dazu auf ihre Erfahrungen mit Mat. 4 zurückgreifen.

Mat. 6 schließlich ist eine Differenzierungsaufgabe, die allerdings stärker das analytische Moment betont. Sie kann alternativ zu Mat. 5 oder auch zu Mat. 3 eingesetzt werden.

Aus dem Text von Mat. 6 können die Schüler direkte und indirekte Aufforderungen heraussuchen. Nicht unterschieden werden sollte bei den direkten Aufforderungen zwischen Bitte und Anweisung. Diese Unterscheidung ist ohnehin schwierig; vom Schüler kann sie kaum geleistet werden, da z. B. die Entscheidung, ob eine Sprechhandlung als Bitte zu bezeichnen ist, nicht nur von dem Wörtchen „bitte" abhängt. Wichtig ist bei diesem Text auch die Situationseinbettung. Der Text stammt aus der Zeitschrift ‚Ein Herz für Tiere', es sind also Tierfreunde angesprochen („Liebe Leser"). Der Text ist im Ton höflich gehalten. Angesprochen wird insbesondere die Solidarität der Tierfreunde (Tierfreunde helfen einander).

Sollte der Lehrer nur Einzelstunden zur Verfügung haben, ist es sinnvoll, mit Mat. 2 und Mat. 3 die erste Stunde zu bestreiten. In diesem Falle wäre es eine sinnvolle Hausarbeit, die Sätze der Hausarbeit aus der ersten Stunde in die indirekte Form einer Aufforderung umzuformen.

Unterrichtsverlauf

Vorphase:
Besprechung der Hausaufgabe

Die Kontrolle der Hausaufgabe könnte in der Form erfolgen, daß ein Schüler seine Aufforderungen vorliest und die Mitschüler versuchen, dafür eine mögliche zeitlich-räumliche Situation zu nennen und Redepartner zu erfinden. Der vorlesende Schüler gibt danach seine Lösung. Hiermit soll bei den Schülern die Erkenntnis angebahnt werden, daß bestimmte Formen der mündlichen Aufforderung nur zwischen bestimmten Redepartnern (gleichrangig oder untergeordnet) sinnvoll sind und daß zu einer Aufforderung immer eine bestimmte Aufforderungssituation gehört. Will man weniger Zeit in die Besprechung investieren, könnten einzelne Schüler ihre Aufforderungen auch mit der Angabe der Redepartner vorlesen.

Phase 1:
Direkte und indirekte Aufforderungen

Mat. 2 schließt unmittelbar an die Thematik der letzten Stunde (Zoo) an. Nach der stillen Lektüre sollen im Unterrichtsgespräch zunächst die direkten Aufforderungen genannt werden, die deutlich als Aufforderungssätze oder in der Verbform des Imperativs als solche in Erscheinung treten. Darauf zielt die bewußt kleinschrittige Fragestellung (s. Stundenblatt) ab.

Die anderen Satzarten dagegen (Aussagesätze, Fragesätze) werden zunächst als Aussagen bezeichnet. Mit dem Lehrerimpuls, daß sich manche Aufforderungen versteckt haben, wird dieses Ergebnis in Frage gestellt. Die Schüler sollen hier erkennen und mit Beispielen aus dem Textmaterial belegen, daß auch Aussagesätze und Fragesätze als (indirekte) Aufforderungen verstanden werden können. Im losen Stundenblatt werden die indirekten Aufforderungen in schülergemäßer sprachlicher Form zunächst „versteckte Aufforderungen" genannt; die Bezeichnung „indirekte" Aufforderung wird mit der nächsten Aufgabe durch den Lehrer eingeführt („Formuliert die indirekten Aufforderungen in direkte Aufforderungen um."). Die Schüler sollen durch diese Aufgabe die Erkenntnis vertiefen, daß eine Aufforderung in direkter und in indirekter Weise gegeben werden kann.

Mit der nicht einfachen Frage nach der vermutlichen Wirkung direkter und indirekter Aufforderungen sollte der Lehrer einmal erproben, wie weit die Schüler einer 6. Klasse die neutrale, abstoßende bzw. höfliche Wirkung zu erklären vermögen.

Die Partnerarbeit („Nenne Beispiele, die sicherlich als Aussagen und Fragen gemeint sind.") soll dem Schüler deutlich machen, daß Aussagesätze sehr oft auch als Aussagen und Fragesätze als Fragen gemeint sind (vgl. dazu auch den Ausgangspunkt von Phase 1).

Die Stillarbeitsphase (Übung) knüpft an die Hausarbeit zur 2. Stunde an. Die Schüler sollen die direkten mündlichen Aufforderungen in indirekte Aufforderungen (als Fragesatz bzw. Aufforderungssatz) umformen.

Phase 2:
Direkte und indirekte Formen der Aufforderung und ihre Situationseinbettung

Diese Phase dient mit Mat. 3 vor allem der Vertiefung: Das Neue dieses Arbeitsmittels besteht darin, daß direkte und indirekte Aufforderungen in komplexe, fiktive Kommunikationssituationen (schriftliche Texte) eingebettet sind. Die erste Frage zielt darauf, den Schülern die Situationen bewußt zu machen, indem jeweils die Textsorte und die (vermutlichen) Kommunikationspartner genannt werden. Ein Tafelanschrieb sollte nur erfolgen, wenn genügend Zeit vorhanden ist. Zur Wiederholung sollen die Schüler auch zwischen direkten und indirekten Aufforderungen unterscheiden.

Besondere Aufmerksamkeit wird den beiden Schildern gewidmet. Diese sind mit ihrer Aussage an einen bestimmten Ort gebunden (z. B. Park, Straße in bewaldeter Gegend) und an bestimmte Personen gerichtet (Fußgänger mit Hund, Autofahrer). Das eine Schild (f) enthält keine explizit formulierte Aufforderung, implizit enthält es sehr wohl eine Reihe von Aufforderungen, z. B.: Aufpassen! Geschwindigkeit drosseln! Bei Nacht abblenden! Eine Reflexion über die besonderen Vorzüge bzw. Einschränkungen von Aufforderungen durch Bildzeichen bzw. sprachliche Zeichen sollte allerdings in dieser Jahrgangsstufe noch nicht erfolgen. Phase 2 endet mit der Frage nach einer bestimmten Form von Aufforderungen in den Textbeispielen c und g (Verbform des Infinitivs). Falls der Lehrer keine Doppelstunde zur Verfügung hat, wäre mit dieser Phase die 3. Stunde zu Ende. Mat. 6 müßte dann als Hausaufgabe aufgegeben werden mit der Anweisung, alle Aufforderungen herauszuschreiben und als direkte oder indirekte zu kennzeichnen. Ebenso sollen sie überlegen, warum mehrere Male die Form der Bitte benutzt wird. Durch diese Aufgabe könnten sie auf das Mat. 4 hingeführt werden.

Phase 3:
Aufforderungen nach ihrer Dringlichkeit unterscheiden

Schüler lesen Mat. 4. Mit der ersten Frage des sich anschließenden Unterrichtsgesprächs (Unterscheiden sich die einzelnen Aufforderungen in der Form?) wird an Bekanntes (direkte und indirekte Formen der Aufforderung) angeknüpft. Die Frage nach der Wirkung (zur Vorbereitung wurde diese bereits in Phase 1 gestellt) zielt auf die feinen Abstufungen, die bei Aufforderungen möglich sind und die auch hier von der Bitte über die Ermunterung und Ermahnung bis zur knappen und strikten Anweisung gehen.

Bei „Der Wellensittich ist in der Mauser..." soll die Situation erläutert und eine Begründung dafür gegeben werden, warum hier eine vorsichtig gehaltene, indirekte Aufforderung gegeben wird. Durch mehrere Impulse (s. Stundenblatt) sollen die Schüler schrittweise die Abstufungen in der Wirkung der Aufforderung erkennen. Wie Höflichkeit und Dringlichkeit sprachlich realisiert werden, sollen die Schüler an einzelnen Ausdrücken belegen (Einfügung des Wörtchens ‚bitte'; Verbform ‚könnte'). Da der Begriff *Konjunktiv* in einer 6. Klasse noch nicht eingeführt ist, genügt es, die Verbform als solche zu nennen.

Bei der Kennzeichnung einzelner Aufforderungen (vgl. loses Stundenblatt: „Kennzeichne einzelne Aufforderungen genauer!") sollte der Lehrer damit zufrieden sein, wenn seine Schüler die einzelnen Aufforderungen grob voneinander abgrenzen (z. B. Bitte und Ermahnung). Detaillierte Unterscheidungen, etwa zwischen Anweisung und Hinweis oder Befehl und Anweisung, können in dieser Altersstufe von der Mehrheit der Schüler noch nicht erwartet werden.

Am Schluß dieser Phase soll der Lehrer den Begriff *Appell* einführen. Inzwischen ist dieser Begriff so deutlich mit Inhalt gefüllt, daß er den Schülern durch eine kurze Lehrerinformation erläutert werden kann (vgl. Stundenblatt).

Ist noch Zeit vorhanden, kann die Übersetzung von „appellare" an den bisherigen Beispielen belegt werden: Es geht immer darum, ein Gegenüber zu etwas zu bewegen. Anstelle von Lehrerinformation und Tafelanschrieb wäre es auch möglich, im Regelteil des Materialienheftes nachzuschlagen (s. S. 65) und die Erklärung für Appell nachzulesen.

Differenzierungsmöglichkeit:
Wenn noch Zeit vorhanden ist, wäre es am Ende der Phase 3 sinnvoll, im Rückgriff auf die Arbeitsmittel Mat. 1 und Mat. 3 unterschiedlich dringliche Aufforderungen zu nennen und ihre sprachliche Realisierung nachzuweisen. Zu Mat. 1 könnte zum Beispiel festgestellt werden, daß sich manche Aufforderungen in der Dringlichkeit deutlich unterscheiden (z. B.: Könntest du mal...? / Hier dürfen wir... nicht...). Im Mat. 3 (Tierschutzgesetz) wirkt zum Beispiel die Formulierung „muß dem Tier..." besonders eindringlich.

Bei der *Hausaufgabe* zur nächsten Stunde (Mat. 5) sollen die Schüler passend zu der vorgegebenen Situation und den vorgestellten Gesprächspartnern Aufforderungen mit unterschiedlicher Dringlichkeit formulieren, z. B.:
Hör mal, Lothar, der Nicki hat schon die Leine im Maul. Er wartet schon.
Hörst du nicht, Lothar, Nicki bellt! Die Pflicht ruft.

Stundenziele

– Direkte und indirekte Formen der Aufforderung unterscheiden,
– verschiedene Aufforderungen in Zusammenhang mit ihrer Situationseinbettung unterscheiden und mögliche unterschiedliche Wirkungen beurteilen,
– Aufforderungen nach ihrer Dringlichkeit unterscheiden und dies an sprachlichen Formulierungen belegen.

4. Stunde:
Einen appellierenden Text untersuchen

In dieser Stunde sollen die Schüler ihre bislang erworbenen Kenntnisse durch die Bearbeitung eines komplexen appellierenden Textes (Mat. 7) nachweisen. Es geht darum, die grundsätzliche Absicht des Textes auszumachen und zu belegen und seinen Aufbau, seine Machart, seinen kommunikativen Zusammenhang (Wer? An wen? Wo?) zu untersuchen. Mit dem Text wird die Absicht verfolgt, auf Mißstände bei der Tierhaltung aufmerksam zu machen und diese abzustellen. Blickfang ist das Bild auf der linken Seite, auf dem ein Hund hinter einem Gitter „Männchen macht" und das die Gefühle von Tierfreunden anspricht. Diese sind im folgenden noch näher bezeichnet als Hundehalter, Hundezüchter, Tierheimleiter und Katzenfreunde.

Der Absender erwartet, auf die rhetorische Frage in der Überschrift die Antwort „Ja", wie aus der direkten Aufforderung, die sich daran anschließt, hervorgeht („Dann..."). Die Frage der Überschrift kann man auch als indirekte Aufforderung verstehen: Seien sie ein Tierfreund! Es folgen acht Grundregeln, die fast gleich aufgebaut sind. Sie beginnen mit einer direkten Aufforderung (Aufforderungssatz mit Verb in Spitzenstellung: Geben Sie...! Achten Sie...! Schenken Sie...!) und geben danach eine Begründung dafür. Die beiden Abschnitte über Hunde und Katzen sind am längsten – offenbar deshalb, weil sie am häufigsten als Haustiere gehalten werden. Zusätzlich zu den direkten Appellen werden auch Informationen gegeben. Nach den acht „Grundregeln" wird an das Mitgefühl des Lesers appelliert. In den folgenden zwei kleingedruckten Zeilen werden Vorschläge gemacht, wo der Text überall verteilt werden könnte.

Ganz eindeutig will dieser appellierende Text – obwohl er zeitweilig auch informiert – das Handeln und die Einstellung des Lesers beeinflussen. Die Erkenntnisse, die die Schüler bei der Bearbeitung dieses Textes gewinnen, sollen ihnen helfen, im weiteren Verlauf der Einheit ähnliche Texte selbst zu verfassen. Insofern sind Rezeption und Produktion deutlich aufeinander bezogen.

Unterrichtsverlauf

Phase 1:
Kommunikationszusammenhang, Absicht und Wirkung

Nach der Lektüre des Textes (Mat. 7), der die Schüler wahrscheinlich inhaltlich ansprechen und beeindrucken wird, sollten sie zunächst Gelegenheit haben, ihre Eindrücke in freier Form auszusprechen. Aller Wahrscheinlichkeit nach werden sie zunächst auf inhaltliche Details reagieren (Batteriehühner, Robben, Kälberzucht). Es kann aber auch sein, daß sie feststellen, daß der Text appellierenden Charakter hat. Die Ergebnisse der Spontanphase sollte der Lehrer zusammenfassen und im weiteren Unterrichtsgespräch nutzen, bei dem auf die grundlegende Absicht des Textes eingegangen wird.

Insbesondere soll auf die Mißstände bei der Tierhaltung aufmerksam gemacht werden (z. B. Hunde in Zwingern, Kälberzucht, Hühnerhaltung). Wesentliches Mittel zur Erarbeitung von Textinhalt, Absender, angesprochenem Personenkreis, Wirkung und Machart ist das gelenkte Unterrichtsgespräch. Ein wesentlicher Punkt des Unterrichtsgespräches ist die Frage nach der Absicht der Absender. Hierbei soll unterschieden werden zwischen der Absicht, durch Darstellung der Zustände die Einstellung der Leser (z. B. Mitgefühl, Verantwortungsbewußtsein), zugleich aber auch das zukünftige Verhalten zu beeinflussen (z. B. Kater und Katzen kastrieren lassen; kein weißes Kalbfleisch kaufen).

Am Schluß untersuchen die Schüler, durch welche Mittel die Aufmerksamkeit des Lesers geweckt wird. Die Antworten sollen Textbelege enthalten (siehe auch loses Stundenblatt).

Phase 2:
Aufbau und Machart

In dieser Phase geht es darum, auf Einzelheiten des Textes einzugehen und diese am Text nachzuweisen: direkte und indirekte Aufforderungen, unterschiedliche Dringlichkeit von Aufforderungen, Wirkung, Ansprechen der Adressaten, Zusammenhang von Appell und Information. Auch diese Phase bereitet die Produktionsaufgaben im weiteren Verlauf der Unterrichtseinheit vor. In einer etwa zehnminütigen Stillarbeitsphase sollen die Sätze untersucht werden: Sind die Aufforderungen direkt oder indirekt? Grad der Dringlichkeit? Es wäre möglich, die direkten Aufforderungen in indirekte umzuformen, um deutlich zu machen, daß diese tatsächlich Aufforderungen enthalten (Beispiel: Lassen Sie sich nicht einreden, daß man unbedingt ein Jungtier aufziehen muß! Seien Sie vorsichtig bei Händlern!). Die Ergebnisse der Stillarbeit münden in ein weiterführendes Unterrichtsgespräch, in dem es um die Erarbeitung des Zusammenhangs von Aufbau, Absicht und Wirkung geht. Viele Detailfragen des Lehrers sollen dem Schüler helfen, elementare Einsichten in die nicht ganz einfachen Zusammenhänge zu erhalten. Der Lehrer müßte hier aus der konkreten Unterrichtssituation entscheiden, wie weit er

bei der Herausarbeitung der abstrakten Zusammenhänge gehen kann.

Im letzten Teil dieser Phase geht es um den Zusammenhang von appellierenden und informierenden Teilen. Dies ist bei Aufrufen nicht ganz unwichtig, weil Informationen die Aufforderungen begründen und der Leser durch sie überzeugt wird. Bei Plakaten dagegen sind detaillierte verbale Informationen oft nicht vorgesehen, weil das bildliche Element als Blickfang im Vordergrund steht.

Als *Hausaufgabe* sollen die Schüler ähnliche appellierende Texte zum Thema Tierschutz suchen. Es wird allerdings eine Alternative angeboten, weil wohl kaum alle Schüler auf Anhieb einen entsprechenden Text finden werden: Formuliert die acht direkten Aufforderungen zu Beginn eines jeden Abschnitts von Mat. 7 um in indirekte Aufforderungen. Aus der konkreten Unterrichtssituation heraus sollte der Lehrer entscheiden, ob er nicht von vornherein der schriftlichen Alternativaufgabe den Vorzug gibt, vor allem, wenn er den Eindruck hat, daß im Unterricht die analytische Arbeit zu stark im Vordergrund stand.

Stundenziele

– Den Text als einen appellierenden Text nachweisen, mit dem die Absicht verfolgt wird, das Handeln und die Einstellung des Lesers zu beeinflussen,
– im Text nachweisen, in welchen Teilen der Leser direkt aufgefordert wird und in welchen er eher informiert wird,
– Absender und Adressaten nachweisen,
– den Aufbau des Textes untersuchen und seine Wirkung beurteilen,
– ähnliche Texte (wie Plakate und Aufrufe) zum Thema Tierschutz ausfindig machen.

5. Stunde:
Suchanzeigen untersuchen und verfassen

Vorbemerkungen

In dieser Stunde sollen die Schüler zunächst eine Suchanzeige analysieren und danach selbst eine verfassen. Die Thematik ‚Tiere' wird beibehalten. In einer Gegenüberstellung von appellierender Suchanzeige und Tierbeschreibung sollen zunächst die Kriterien für das Verfassen einer Suchanzeige erarbeitet werden: mit Mat. 8 werden die Unterschiede von Suchanzeige und Tierbeschreibung augenfällig vorgeführt. Bei der Suchanzeige geht es um die Absicht, ein verlorengegangenes Tier wiederzuerhalten. Dieser Hund wird daher abgebildet und für den Leser genau beschrieben (Kopf, Rasse, Geschlecht, Name, Aussehen). Auch die Umstände seines Verschwindens werden genau dargestellt. Am Schluß wird eine hohe Belohnung versprochen und der Absender in Form einer Telefonnummer angegeben. Der Text ist eher im Erzählstil (z. B. Präteritum; „auf dramatische Weise") geschrieben. Durch diesen Stil und durch das Bild wird die Aufmerksamkeit des Lesers geweckt. Die informierenden Elemente des Textes sind eindeutig der appellierenden Absicht des Textes untergeordnet.

Die Beschreibung des Airedale-Terriers dagegen ist im Präsens geschrieben (außer der Passage, die auf die Geschichte dieser Rasse eingeht). Die allgemeingültigen Merkmale dieser Hunderasse werden beschrieben: Größe, Kreuzung, gelungene Mischung guter Eigenschaften, Beschützereigenschaften, Aussehen, Figur, Fell. Die Darstellung vermittelt einen Gesamteindruck vom Typ dieser Hunderasse. Sie hat rein informativen Charakter.

Das Arbeitsmittel Mat. 9 ist eine Suchan-

zeige, die sich deutlich an den Leser wendet mit der Bitte um Rückgabe des Tieres, einer Yorkshire-Hündin. Der Leser kann jemand sein, dem das Tier zugelaufen ist oder der es gesehen hat, oder er ist der Dieb. Daß die Möglichkeit eines Diebstahls ausdrücklich erwogen wird, zeigt der letzte Satz der Anzeige. Die Anzeige hat deutlich appellierende Züge.

Die Frage „Wo ist unsere Kim?" weckt das Interesse des Lesers. Danach folgen eine höfliche Aufforderung (Bitte) und die Angabe der Kennzeichen des Hundes. Daran schließt sich ein starker emotionaler Appell an (Haben Sie ein Herz!) verbunden mit der Aufforderung, sich zu melden. Schließlich werden noch zwei Versprechen gemacht (Belohnung bzw. Absehen von einer Anzeige). Die Anzeige ist mit zwei vollen Namen unterzeichnet (offenbar die Besitzer des Tieres). Wichtige Teile der Anzeige sind im Fettdruck hervorgehoben.

Die Suchanzeige enthält die für diese Textsorte wesentlichen Kriterien:
- genaue Beschreibung des Tieres,
- Absenderangabe (Telefonnummer und Namen),
- Blickfang zur Weckung des Interesses,
- Ansprechen des Lesers,
- möglichst knappe Darstellung, da jedes Wort Geld kostet.

Diese Stunde kann auch als Doppelstunde organisiert werden. In diesem Falle könnte der Lehrer vor allem für das eigenständige Schreiben einer Suchanzeige und die Besprechung mehr Zeit einplanen.

Unterrichtsverlauf

Phase 1:
Suchanzeige und Beschreibung

Bei dem Vergleich der beiden Texte geht es vor allem um die Suchanzeige. Im Vergleich mit der neutral gehaltenen allgemeinen Beschreibung werden die Merkmale der Suchanzeige um so deutlicher. Durch die Kenntnisse über die verschiedenen Aufforderungen und über appellative Texte – immerhin ist dies die fünfte Stunde der Reihe – kann erwartet werden, daß die Schüler selbständig Unterschiede zwischen den beiden Texten herausfinden. Daher wird bereits zu Beginn der Phase 1 eine kurze Stillarbeit vorgeschlagen, in der die Schüler zunächst nach eigenen Kriterien den Vergleich vornehmen können. Im folgenden Unterrichtsgespräch sollen dann die Ergebnisse nach den Kriterien ,Absicht' und ,Inhalt' – auch die Länge sollte man beachten – zusammengefaßt werden. Ob der Lehrer die Ergebnisse an die Tafel bringt, hängt von der Zeit ab (d. h. auch von der Frage, ob die Stunde als Einzel- oder Doppelstunde organisiert ist – vermutlich wird dazu in einer Einzelstunde keine Zeit vorhanden sein). Adäquater Ersatz wird dann eine mündliche Zusammenfassung sein müssen.

Danach soll anhand weiterer kurzer Impulse (Warum ist die Suchanzeige kürzer? Welcher Text ist eher appellierend, welcher eher informierend?) eine Bestimmung der Textsorte (appellierender Text / informierender Text) erfolgen. Die Frage nach der in der Suchanzeige enthaltenen indirekten Aufforderung soll die Erkenntnis stützen, daß hier ein eher appellierender Text vorliegt. Die danach folgende Zusammenfassung der Elemente einer Suchanzeige für ein Tier sollte als Übersicht an der Tafel erscheinen (Beschreibung des Tieres, Leser ansprechen, knappe Darstellung, Hervorhebung von Wichtigem, Anschrift des Absenders).

An dieser Übersicht können sich die Schüler bei der folgenden Partnerarbeit orientieren, in der sie an einer anderen Suchanzeige (Mat. 9) die Elemente nachweisen sollen. In dieser Suchanzeige wird der Leser bzw. mögliche Dieb des Tieres direkt angesprochen; außerdem wird deutlich an das Gefühl appelliert. Durch einen weiterführenden Impuls wird am Schluß von Phase 1 ein kurzer Vergleich mit der im ersten Teil von Phase 1 bearbeiteten Suchanzeige (Mat. 8) in Gang gesetzt.

Phase 2:
Eine Suchanzeige verfassen

Die Schüler sollen nun selbst eine Suchanzeige für ihr eigenes Haustier (oder das der Geschwister, Nachbarn etc.) verfassen. Die vorangegangene Analyse und die Auflistung der Merkmale einer Suchanzeige im Tafelbild bereiteten darauf vor. Die Arbeit sollte dieses Mal am besten als Einzelarbeit organisiert sein.

Falls noch genügend Zeit vorhanden ist, könnten die Arbeiten von Schülern, die bereits fertig sind, an die Tafel (oder auf Folie für den Projektor) geschrieben werden. Wird der Text auf diese Weise allen Schülern zugänglich gemacht, so kann auch über die Anordnung der Wörter gesprochen werden. Sollte weniger Zeit vorhanden sein, könnte man sich auf das Vorlesen von zwei Anzeigen beschränken. Die Schüler sollen die Anzeige als *Hausaufgabe* überarbeiten und dabei insbesondere auf Übersichtlichkeit, Knappheit (Abkürzungen) und Hervorhebungen achten.

Stundenziele

– Eine Suchanzeige für ein bestimmtes Tier und die Beschreibung derselben Tierrasse in einer Fachzeitschrift miteinander vergleichen und insbesondere Merkmale für eine Suchanzeige herausstellen;
– eine Suchanzeige untersuchen;
– eine Suchanzeige verfassen und dabei die zuvor erarbeiteten Kriterien beachten.

70

6. Stunde:
Einen Aufruf untersuchen und verfassen

Vorbemerkungen

Auch in dieser Stunde erhalten die Schüler Anleitungen zur Produktion eines eigenen Textes: es geht um die appellierende Textsorte „Aufruf". Mit einem Aufruf sind die Schüler bereits in der 4. Stunde bekannt gemacht worden (Mat. 7).

An diesen komplexen appellierenden Text, bei dem es darum ging, die grundsätzliche Absicht des Textes auszumachen sowie den kommunikativen Zusammenhang (Wer? An wen? Wo?), den Aufbau und die sprachliche Machart zu erkennen und zu belegen, wird hier mit dem einfachen didaktisierten Aufruf (Mat. 10) angeknüpft.

Besonderer Schwerpunkt ist hier der Zusammenhang von Absicht und sprachlich-rhetorischer Machart; dabei soll auch der Zusammenhang von informativen Elementen (z. B.: Tiere beanspruchen Geld, Arbeit, Zeit, Liebe) und appellativen Elementen (z. B. Appell an das Mitgefühl) angesprochen werden. Außerdem sollen die Schüler Hinweise und Hilfen für ihre eigenen Schreibversuche in Phase 2 erhalten (z. B. Inhalt des Aufrufs, Absicht, Leserbezug, Informationen zur Begründung, übersichtliche Gliederung, Hervorheben von Wichtigem).

Mit dem Aufruf soll der Leser zu einem überlegten und verantworteten Kauf eines Haustieres angeregt werden. Der Text ist durch Absätze und Hervorhebung klar gegliedert. Im ersten Teil wird das Elend von Haustieren zur Ferienzeit dargestellt. Im zweiten Teil wird mit der überleitenden rhetorischen Frage „Sind sie ein Tierfreund?" auf das Hauptthema, den Kauf eines Tieres, gelenkt, im dritten und vierten Teil schließlich wird jeweils eine Aufforderung mit Informationen gegeben (Beachten Sie... / Beantworten Sie...). Der Schlußteil enthält eine indirekte Aufforderung (Na, dann!) und schließt mit einem Wunsch ab (Viel Freude...). Die Anaphern unter der ersten Aufforderung sorgen für Eingängigkeit (die Substantive verdeutlichen, worum es geht: Geld, Arbeit, Zeit, Liebe). Die drei Fragen unter der zweiten Aufforderung bewirken ebenfalls Eingängigkeit und leichte Lesbarkeit des Textes. Die beiden letzten Fragen – es sind Entscheidungsfragen, die nur mit „ja" oder „nein" beantwortet werden können – stellen den Anlaß für die zusammenfassende Frage: Können sie alle Fragen mit ‚ja' beantworten?

Mit Mat. 11 – einem Zeitungsartikel – werden Informationen bereitgestellt, mit deren Hilfe die Schüler einen Aufruf verfassen können. In dem Zeitungsartikel geht es um die raffinierten Methoden von Tierfängern. Eine Frau gibt sich als Beauftragte eines Tierheims und als Tierschützerin aus und will Tiere zur kostenlosen Sterilisation abholen. Als wichtige Personen werden erwähnt:
– Der Vorsitzende des Tierheims Schloß Neuhaus und ein Mitarbeiter des Tierheims,
– die unbekannte Frau, die einen Pritschenwagen fahren soll.

Wichtige Informationen zum Schutze der Tierbesitzer:
– Nur von einem Tierheim vermittelte Tiere werden kontrolliert,
– zur Kontrolle sind nur Mitarbeiter des Tierheims berechtigt.

Ratschläge:
– Bei dubiosen Kontrollen keine Tiere herausgeben,
– amtliche Kennzeichen verdächtiger Fahrzeuge notieren,
– Tierheim oder Polizei verständigen.

Wichtiges
Flugblatt

An alle Haushalte!

An alle Tierfreunde!

An alle Tierhalter,
insbesondere Halter von
Katzen und Hunden!

Tierfänger unterwegs!

Tierfänger entwickeln neue Methoden, um Katzen und Hunde
einzufangen:

● Sie geben sich als Tierschützer und Beauftragte des Tierheims
aus.

● Unter dem Vorwand einer kostenlosen Behandlung holen sie
die Tiere ab.

Beachten Sie:

● Kontrolliert werden nur Tiere aus dem Tierheim.

● Mitarbeiter aus dem Tierheim können sich ausweisen.

Seien Sie wachsam!
**Helfen Sie mit, gewissenlosen Tierfängern das Handwerk
zu legen!**

Deshalb:

● Notieren Sie die Kfz-Nummer verdächtiger Fahrzeuge!

● Verständigen Sie bei verdächtigen Kontrollen sofort die Polizei
oder das Tierheim!

Der Aufruf, der von den Schülern verfaßt wird, soll sich deutlich auf die in dem Zeitungsartikel dargestellten Praktiken beziehen. Simulierter Absender des Aufrufs könnte eine Institution sein (Verein der Tierfreunde), die sich mit einem Flugblatt an alle Haushalte, d. h. an eine größere Öffentlichkeit wendet, mit der Absicht, vor den dubiosen Praktiken der Tierfänger zu warnen. Angesprochen sein sollen insbesondere Tierbesitzer und alle Tierfreunde (Vorschlag für den Aufruf s. S. 72).

Zur Vertiefung könnte zudem Mat. 12 – auch ein Zeitungsartikel – eingesetzt werden. Die Informationen dieses Artikels basieren auf einem Aufruf der Ortsgruppe Lahr des Bundes für Vogelschutz. Deshalb eignet er sich als Textgrundlage, auf der die Schüler einen Aufruf verfassen. Es geht dabei um die Absicht, hilfsbereite Spaziergänger darüber aufzuklären, daß sie aus dem Nest gefallene Jungvögel nicht retten sollen, weil sie dadurch die Jungtiere in Lebensgefahr bringen. Ein solcher Aufruf muß höflich sein, er sollte Informationen und Begründungen enthalten, da es ja um Aufklärung geht und bei den Spaziergängern kein böses Verhalten vorliegt. Für den Aufruf könnten folgende Informationen wichtig sein:

– Viele Brutvögel bleiben als Nesthocker lange Zeit, bis zum Flüggewerden, im Nest; ein junger Vogel, der sich einmal außerhalb des Nestes befindet, wird deshalb nicht immer Schaden nehmen.
– Die Tiere helfen sich meistens selbst.
– Eingriffe von Menschen können für den Jungvogel den Tod bedeuten, weil er vom Alttier oft nicht mehr angenommen wird.
– Bei notwendiger Hilfe und akuter Gefahr sollten Fachleute gefragt werden.

Unterrichtsverlauf

Vorphase (falls keine Doppelstunde vorausging):
Hausaufgabe besprechen

Sinnvoll ist es, wenn von Schülern zwei Suchanzeigen vor Beginn des Unterrichts auf Folie (für einen Projektor) oder an die Tafel geschrieben werden, damit Gliederung und Anordnung des Textes allen zugänglich werden; außerdem kann dadurch einfacher an inhaltlichen und sprachlichen Einzelheiten gearbeitet werden. Die Schülertexte sind an Kriterien zu messen, die in der 5. Stunde erarbeitet worden sind. Eine wichtige Frage für die Mitschüler ist, ob man sich nach der Beschreibung das gesuchte Tier genau vorstellen kann (z. B. Geschlecht, Alter, Aussehen, Farbe) und ob diese beschreibenden Teile in einen Text mit appellierender Absicht eingebunden sind.

Phase 1:
Absicht und Machart eines Aufrufs untersuchen

Der typische und deutlich strukturierte Aufruf von Mat. 10 kann von Schülern nach der Lektüre relativ schnell erarbeitet werden. Die Gesprächsimpulse im Stundenblatt bieten dazu ausreichende Hilfen. Es geht insbesondere um die Herausarbeitung des Zusammenhangs von Absicht und Machart. Da bereits Erfahrungen mit einem komplexeren Aufruf vorliegen (vgl. 4. Stunde), sollte hier die Bearbeitung der Vorlage nicht zu viel Zeit in Anspruch nehmen, um für die folgende Produktionsphase genügend Zeit zur Verfügung zu haben.

Am Schluß dieser Phase sollte der Lehrer aus zeitlichen Gründen die wesentlichen Punkte des Gesprächs selbst zusammenfassen.

Phase 2:
Aus einem Zeitungsartikel einen Aufruf verfassen

Der Zeitungsartikel in Mat. 11 soll den Schülern als Ausgangspunkt und Informationshintergrund zur Erstellung eines Aufrufs dienen. Die Intentionen (Warnen/Einen Rat geben) sind bereits im Zeitungsartikel vorgegeben und können für den Aufruf übernommen werden. Der Zeitungsartikel muß zunächst inhaltlich erschlossen werden, um zumindest einen Teil dieser Informationen im Aufruf nutzen zu können. Dies geschieht nach drei Gesichtspunkten: Informationen, Personen, Ratschläge.

Nach der Herausarbeitung der Aussageabsicht des Zeitungsartikels können die Schüler in Stillarbeit an die Gestaltung des Aufrufs gehen. Hierzu wird allerdings nur noch wenig Zeit zur Verfügung stehen. Ob es noch zu einer kurzen Besprechung kommen kann, wird u. a. davon abhängen, wieviel Zeit in der Vorphase für die Besprechung der Hausarbeit und in der Phase 1 für die Bearbeitung des Aufrufs gebraucht wird. Gegebenenfalls muß die gesamte Aufgabe für die Stillarbeit als Hausaufgabe gegeben werden. Ansonsten soll der Aufruf als Hausarbeit fertiggestellt bzw. überarbeitet werden. Ein Lösungsvorschlag findet sich auf S. 72.

Spaziergänger!

● **Bitte Finger weg von den Jungvögeln!**

Immer wieder wollen hilfsbereite Spaziergänger aus dem Nest gefallene Jungvögel retten.

● Denken Sie bitte daran:

Man macht oft mehr falsch als richtig!
Gut gemeinte Hilfe bedeutet oft:

Tod der Jungvögel

● Bedenken Sie:

Da viele Brutvögel als Nesthocker normalerweise lange in ihrem Nest bleiben, sind Jungvögel außerhalb des Nestes nicht immer in Gefahr.
Tiere wissen sich selbst zu helfen.
Nach einem Eingriff durch den Menschen werden Jungtiere von den Alttieren oft nicht mehr angenommen.

● Also: Finger weg von den Jungvögeln!

Im Notfall: Fachleute fragen!

In der Phase 2 wäre als Alternative zu Mat. 11 auch Mat. 12 denkbar (Beschreibung des Textes vgl. oben!). Ebenso wäre der Text als differenzierende Hausarbeit geeignet. Die Ergebnisse der Erarbeitung von Mat. 11 sind ohne weiteres übertragbar auf die Arbeit mit dem Text in Mat. 12. Auch dort handelt es sich um einen Zeitungsbericht, auch dort wird bereits in dem Bericht die Intention genannt (Spaziergänger sollen aufgeklärt werden, um ihre gut gemeinte aber falsche Einstellung zu korrigieren). Ein Vorschlag für einen Aufruf, der auf dem Zeitungsartikel über die Jungvögel (Mat. 12) basiert, findet sich auf S. 74.

Eine zweite Alternative zur Hausarbeit könnte auch das Verfassen eines Briefes sein (im Zusammenhang mit Mat. 11). Diese Aufgabe ist schwieriger, weil sie sich nicht unmittelbar auf den Inhalt des Unterrichts bezieht. Der Brief könnte an das Ordnungsamt der Stadtverwaltung gerichtet sein; es könnten darin zum einen Informationen gegeben werden über die raffinierten Methoden der Tierfänger, zum anderen könnte er einen Appell enthalten, dafür zu sorgen, daß den Tierfängern möglichst schnell das Handwerk gelegt wird. Der Brief könnte auch als Beschwerdebrief eines Betroffenen abgefaßt werden, in dem das Ordnungsamt für eine mangelnde Überwachung verantwortlich gemacht wird, um daraus die Forderung abzuleiten, die Mißstände abzustellen, d. h. zum Beispiel, die Polizei zu erhöhter Aufmerksamkeit aufzufordern. Dabei darf die eigene Unzufriedenheit mit den Zuständen deutlich artikuliert werden. Allerdings sollte sie immer begründet werden. Persönliche Beleidigungen sind fehl am Platz.

Stundenziele

– Einen Aufruf auf Absicht und Machart untersuchen,
– aus einem Zeitungsbericht die Intentionen und die wesentlichen Informationen entnehmen,
– Intentionen des Zeitungsberichtes und ausgewählte Informationen in einen Aufruf an die Öffentlichkeit umsetzen.

7. Stunde: Adressaten berücksichtigen

Vorbemerkungen

In dieser Stunde, in der die Schüler wiederum als Schreiber tätig sein sollen, geht es insbesondere um Berücksichtigung des Adressaten.

Bei appellierenden Texten muß der Sprecher/Schreiber den Adressaten mitbedenken, da es ja um dessen wirkungsvolle Beeinflussung geht. Auch im bisherigen Verlauf der Unterrichtseinheit wurde der Adressat immer wieder mitbedacht. Allerdings handelte es sich dabei meistens um nicht näher bekannte Leser, um eine allgemeine Öffentlichkeit (Mitbürger, Tierfreunde, Erwachsene, Kinder). In dieser Stunde geht es um Appelle an näher bekannte Adressaten.

Zu Beginn der Unterrichtsstunde wird wieder ein Aufruf (Mat. 13) untersucht. Hier sind jedoch im Vergleich zu den anderen Aufrufen der 4. und 6. Stunde bestimmte Adressaten angenommen, nämlich die Mitschüler der Parallelklassen. Außerdem wird methodisch, im Vergleich zur 6. Stunde, mit einer umgekehrten Strategie vorgegangen: ein kurzer Aufruf soll in einen komplexen Artikel für die Schülerzeitung umgesetzt werden. Dabei ist die direkte Berücksichtigung der Mitschüler ein wichtiger Bestandteil der Aufgabe.

Der Aufruf von Mat. 13 stellt die Situation und das Problem: Das Tierheim ist überfüllt (Ferienzeit), es fehlt an Pflegepersonal und Geld. Die Absicht ist eindeutig: es soll zur tätigen Mithilfe aufgefordert werden. Der Aufruf ist in der bekannten Weise gestaltet und gegliedert (Darstellung des Problems, übersichtliche Form, klarer Aufbau, am Schluß dreifacher Appell an die Mitschüler).

Weiteres Arbeitsmittel der Stunde (Alternative für die Hausaufgabe) ist Mat. 14 – die Inhaltsangabe eines Gesprächs zwischen einer Mutter und ihrer Tochter, die gerne ein Haustier hätte. Die Schüler sollen sich in die Lage des Kindes versetzen und einen Brief an die Oma verfassen, der es sein Anliegen (Kauf eines Kanarienvogels, Übernahme und Pflege während des Urlaubs) vortragen und mit deren Hilfe es sein Vorhaben durchsetzen will. Die in der Inhaltsangabe gegebenen Informationen sollen in dem Schreiben an die Großmutter verwertet werden (so vor allem das Argument der Mutter, im Urlaub wisse man nicht, wem man den Kanarienvogel zur Pflege geben könnte).

Die Überprüfung der Hausarbeit zur 7. Stunde ist im Stundenblatt nicht berücksichtigt. Der Lehrer könnte nach der 6. Stunde eine Übungsstunde einfügen, in der auch die Hausarbeit ausführlich besprochen werden könnte. Eine solche Übungsstunde wäre vor allem auch dann sinnvoll, wenn die als Alternative vorgesehene Aufgabe (Mat. 12) von Schülern bearbeitet worden ist.

Unterrichtsverlauf

Phase 1:
Ideen entwickeln, um einen Aufruf in einen Zeitungsartikel umzusetzen

Das Bekanntmachen mit Mat. 13 sollte nach Möglichkeit durch Schülervortrag erfolgen. Hierdurch kommt der Aufrufcharakter am besten zum Ausdruck. In dem sich anschließenden straff geführten Unterrichtsgespräch geht es um den Zusammenhang zwischen angesprochenem Adressaten, Inhalt der Aktion und Absicht der Aufrufenden. Ebenso wird noch kurz auf den Appellcharakter des Aufrufs eingegangen. Dieses Unterrichtsgespräch sollte allenfalls 5–10 Minuten dauern, da ja die Textsorte ‚Aufruf' durch den vorangegangenen Unterricht als bekannt vorausgesetzt werden kann. Nun sollen die Intentionen und Informationen des Aufrufs in die andere Textsorte – ein Zeitungsartikel für die Schülerzeitung – umgesetzt werden. Die Schüler sollen sich in die Situation versetzen (was ihnen sicherlich nicht schwer fällt), Mitschüler in der Schülerzeitung zur Mithilfe aufzufordern. In einem offenen Unterrichtsgespräch sollen zur Vorbereitung des Artikels unterschiedliche Möglichkeiten gesammelt werden, wie und wodurch man das Interesse der Mitschüler für die Aktion wecken kann. In dem Artikel sollten auch Vorschläge gemacht werden, was Schüler alles machen könnten, um die vorgestellte mißliche Situation im Tierheim kurz- oder langfristig zu ändern. Im Stundenblatt werden dazu verschiedene Vorschläge genannt. Da beabsichtigte Wirkung und Adressatenbezug deutlich im Vordergrund stehen, ist es sinnvoll, die Gefühle der Adressaten, ihre Tierliebe und Verantwortungsbereitschaft anzusprechen. Es könnte zum Beispiel auch das Elend der Tiere im einzelnen dargestellt werden. Sinnvoll wäre die beispielhafte Darstellung eines besonders eindrucksvollen Tierschicksals. Die Darstellung darf aber nicht beim Appell an das Gefühl stehen bleiben; der Text müßte auch Informationen und Begründungen enthalten (z. B. Gründe für die Überfüllung).

Phase 2:
Einen Artikel für die Schülerzeitung verfassen

Die Stillarbeit (Einzelarbeit) sollte etwa 10–15 Minuten in Anspruch nehmen, damit noch etwa 10 Minuten für die Besprechung zur Verfügung stehen. Es werden Lösungen erwartet, die in die folgende Richtung gehen:

Hallo!
Alle mal genau hinsehen! Ihr habt ja alle auch schon in der Tageszeitung gelesen, daß das Tierheim am Wilhelmsberg mal wieder hoffnungslos überfüllt ist. Ihr könnt euch ja auch vorstellen, warum. Nein? Nun dann ein paar Informationen. Es waren ja wieder Ferien. Ihr glaubt gar nicht, mit welcher Brutalität sich manche Menschen von ihren einst so geliebten vierbeinigen Hausgenossen trennen können, wenn es in den Urlaub gehen soll. Das Elend der ausgesetzten, verwaisten Tiere ist unvorstellbar. Ich war vor ein paar Tagen selbst im Tierheim. Da war so ein kleiner Mischlingsrüde, offenbar erst ein paar Monate alt. Er war die ganze Zeit am Winseln und so richtig dankbar, als ich ihn auf den Arm nahm und streichelte. Aber das ist nur ein Fall von vielen. Ihr werdet jetzt wahrscheinlich fragen: Was können wir denn tun? Wir können etwas tun! Und wir müssen etwas tun! Schließlich spielt sich das Tierelend unmittelbar vor unserer Haustür ab. Die Mitarbeiter des Tierheims sind überfordert. Es müßten neue Zwinger gebaut werden. Täglich kommen neue verwaiste Tiere hinzu. Überlegt mal für Euch selbst! Fragt Eure Eltern, fragt gute Freunde! Wollt Ihr nicht einem ausgesetzten oder abgeschobenen Tier ein neues Zuhause geben? Dann setzt Euch mit dem Tierheim in Verbindung! Hier noch mal zur Sicherheit Anschrift und Telefon . . .

Während der Stillarbeit sollte sich der Lehrer bereits informieren, welche Schülerarbeiten repräsentativ sind und sich zum Vorlesen eignen. Falls er nichts Geeignetes findet, könnte er auch den oben abgedruckten Text vorlesen.

Hausaufgabe

Stellt sich bei der Besprechung der Zeitungsartikel heraus, daß die Schüler keine Probleme mit der Aufgabe hatten, könnte das Arbeitsmittel Mat. 14 eingesetzt werden. In dem Brief an die Großmutter sollten nach Möglichkeit, um sie für das Anliegen der Enkelin zu gewinnen, auch Informationen über Wellensittiche gegeben werden (Papageienart; geselliger und bewegungsfreudiger Vogel, muß manchmal ein bißchen herumfliegen können; braucht größeren Käfig, Licht und Sonne, daher richtiger Platz auf der Fensterbank; Wellensittiche lernen manchmal, einzelne Wörter nachzusprechen). Das Interesse der Großmutter könnte dadurch geweckt werden, daß ihr Abwechslung versprochen wird, weil sie den Vogel in Abwesenheit der Enkelin hüten soll. Und ihr könnte versichert werden, daß ein Wellensittich ein pflegeleichtes Tier ist. Um zu vermeiden, daß die Großmutter Angst hat, das Tier in der Wohnung fliegen zu lassen, kann sie darüber informiert werden, daß der Vogel für ein paar Tage auf diese Freiheit verzichten kann. Zu beachten sind in formaler Hinsicht für die Textart Brief: Briefkopf mit Ort, Datum, Anrede, Schlußteil. Die Enkelin wird wahrscheinlich erst nach einer kurzen „Kontaktnahme" auf das eigentliche Thema zu sprechen kommen.

Stundenziele

– Einen Aufruf untersuchen und darin den Zusammenhang von Adressatenbezug und Anliegen herausstellen,
– Möglichkeiten nennen, wie man Intentionen und Informationen in einem Aufruf in einen zusammenhängenden Text für die Schülerzeitung umsetzt,
– einen appellierenden Artikel für die Schülerzeitung verfassen, der insbesondere Tierliebe und Verantwortungsbereitschaft der Mitschüler anspricht,
– einen an das Verständnis einer gut bekannten Person appellierenden Brief verfassen, um ein Anliegen vorzustellen und möglicherweise durchzusetzen.

8. Stunde:
Bild-Text-Zusammenhang appellierender Darstellungen

Vorbemerkungen

Diese Stunde dient der Zusammenfassung, Übung und Anwendung des Gelernten. Im Bereich des Themas „Appellieren" geht es jetzt insbesondere um die zusammenhängende Wirkung von Bild und Text. Als Methode bietet sich in dieser abschließenden Stunde, da bereits die wesentlichen Lernziele der Einheit erarbeitet worden sind und da entsprechende Materialien zur Verfügung stehen, arbeitsteilige Gruppenarbeit (vier Gruppen) an, damit die Schüler in selbständiger Arbeit bereits Bekanntes an einer neuen Aufgabe nachweisen können.

Zu den Materialien:

Mat. 15 a:
Das Bild (Tierfell auf einem Kleiderhaken) übt als Blickfang eine besonders intensive Wirkung aus. Der Text über und unter dem Bild ist knapp gehalten. Der Imperativ ‚Halt!' hat starken Aufforderungscharakter. Der folgende Aussagesatz (Erklärung ohne Begründung) kann als indirekte Aufforderung gelesen werden (Laßt dem Tier seinen Pelz! Nehmt dem Tier nicht seinen Pelz!). Die Gesamtaussage des Imperativs mit dem nachstehenden Aussagesatz kann etwa so lauten: Macht Schluß damit, Tieren ihren Pelz zu nehmen! Die hier vorliegende Fassung ist allerdings entschieden wirkungsvoller. Der Text unter dem Bild macht den Leser mit der schockierenden Realität vertraut, der Aufdruck „...für die Mode umgebracht" wertet sehr stark. Die Absicht ist eindeutig, sie zielt gegen die kommerzielle Nutzung von Pelzen und gegen das Tragen von Pelzen (Mode) und tritt für den Schutz der Tiere ein (Tierpelz gehört dem Tier!). Es geht deutlich um Meinungsbildung.

Mat. 15 b:
Diese appellierende Darstellung besteht aus drei Teilen: dem Aussagesatz, dem Bild, dem Absender. Der Aussagesatz trägt ein Rufzeichen. Die Aussage ist durch die drei Pünktchen am Anfang mehrdeutig (z. B.: Tiere muß man einfach gern haben; kritisch zu lesende einschränkende Bedeutung: Zwar liebe ich Tiere, aber wie gehen wir mit ihnen um...! / Zwar liebe ich Tiere, aber bin ich auch bereit, die volle Verantwortung für sie zu übernehmen? usw.). Das Kätzchen auf dem Foto deutet an, daß junge Tiere, vor allem kleine Katzen oft als süß, niedlich, verspielt, putzig empfunden werden. Dies ist oft auch ein Motiv für die Anschaffung. Fraglich bleibt dann allerdings, ob in je-

dem Falle auch die volle Verantwortung entwickelt ist, das ausgewachsene Tier in seiner Eigenart anzunehmen.

Mat. 15c:

Dieses Material stammt aus einer Tageszeitung. Die beiden sehr gegensätzlichen Hundetypen wirken als Blickfang. Absicht von Text und Bild ist es, die beiden Hunde für ein neues Zuhause zu vermitteln. Die in dem Text erwähnten Namen der Tiere und ihr schlimmes Schicksal sollen Tierfreunde ansprechen (ausgesetzte Mischlingshündin, Abgabetier, ausgesetzt, umherirrend, dem Schicksal überlassen). Bestimmte Adressaten werden ins Auge gefaßt (Tierfreunde, die Geduld mit einem verlassenen Tier haben; Zuhause mit Kindern und viel Auslauf). Die direkte Aufforderung „Machen sie ein kleines Hundeherz…!“ stellt einen starken Appell an das Gefühl dar. Mit der Feststellung, daß die Tiere geimpft und kastriert sind und kostenlos abgegeben werden, soll der Absicht, die Tiere unterzubringen, Nachdruck verliehen werden.

Mat. 15d:

Auch hier werden zwei Tiere (eine Münsterländer Hündin und ein Terrier-Mischlingswelpe) zusammen mit der Tierpflegerin und einer Praktikantin vorgestellt. Die kurze Beschreibung der Tiere und ihr Schicksal (von ihrer Familie nicht mehr geliebt und abgeschoben) soll das Mitgefühl der Leser wecken. Auch hier geht es um die Absicht, den auf den Fotos abgebildeten und auch anderen Hunden ein neues Zuhause zu vermitteln. Dies wird an der zitierten Aussage von I. Kaufmann deutlich. Für Leser, die Interesse an einem Hund haben und weitere Auskünfte wünschen, ist die Telefonnummer des Tierheims angegeben.

Unterrichtsverlauf

Phase 1:
In den Zusammenhang von Text und Bild einführen

Das kurze einführende Gespräch dient dazu, die Texte vorzustellen und dabei auf die Wirkung der Bilder einzugehen. Im Rahmen der gesamten Unterrichtsreihe wurde der Zusammenhang von Bild und appellierendem Text und die Interesse weckende Wirkung von Bildern bereits an mehreren Stellen implizit angesprochen (vgl. z. B. Mat. 7, Mat. 8, Mat. 10), das ausdrückliche Eingehen auf den Bild-Text-Zusammenhang eines appellierenden Textes ist hier jedoch neu. Nach dieser kurzen, etwa fünfminütigen Einführung in die vier Materialien werden die Arbeitsaufträge für die Stillarbeit gegeben und erläutert. Sie sollten auf Arbeitszetteln verteilt werden oder bereits vor dem Unterricht an die Tafel oder auf Folie für den Projektor geschrieben worden sein. Im Stundenblatt sind die Erwartungen angedeutet. Erläuterungen zu den Texten: siehe Vorbemerkungen.

Phase 2:
Die Darstellungen in Gruppenarbeit untersuchen

Die Schüler sollen ausreichend Zeit zur Bearbeitung haben (ca. 15 bis 20 Minuten). Bei Schwierigkeiten kann der Lehrer helfen. Mat. 15a und 15b bieten wenig Text, so daß die Schüler hiermit vielleicht schneller fertig sind. Der Gruppe, die Mat. 15b bearbeitet, könnte der Lehrer den zusätzlichen Impuls geben, daß die Absicht mehrdeutig sein kann.
Es wäre auch möglich – um sicher zu gehen, daß alle Gruppen zeitlich voll ausgelastet sind – nur drei Gruppen zu bilden,

wobei die erste Gruppe die Texte a) und b) zur Bearbeitung erhält.

Eine weitere Möglichkeit wäre die Bildung von zwei Gruppen:

Gruppe 1: Texte a und c

Gruppe 2: Texte b und d.

Steht ein Projektor zur Verfügung, könnten für jede Gruppe jeweils eine Folie und ein Stift ausgeteilt werden, damit sie die Ergebnisse kurz notieren kann. In Phase 3 könnten die Ergebnisse dann allen zugänglich gemacht werden; der Vortrag sollte sich an den Stichwörtern orientieren.

Phase 3:
Die Ergebnisse den Mitschülern mitteilen

Wohl die wichtigste Phase bei arbeitsteiliger Gruppenarbeit ist die Phase der Zusammenfassung der Ergebnisse: Wie kann gewährleistet werden, daß die Schüler ihre Ergebnisse verständlich vortragen? Dazu ist nach dem Vortrag der Ergebnisse eine kurze Zusammenfassung und Abrundung in einem vom Lehrer geführten Unterrichtsgespräch notwendig.

Dieses Unterrichtsgespräch sollte ggf. an die Meinungen, die die Schüler in Phase 1 äußerten, anknüpfen.

Hausaufgabe

Die Schüler sollen einen Aufkleber entwerfen, mit dem dagegen protestiert wird, daß in Restaurants Froschschenkel oder Schildkrötensuppe angeboten werden. Sie sollen sich dabei an Mat. 15a oder b orientieren. Genutzt werden könnten dabei Abbildungen aus Zeitungen oder Zeitschriften. Stehen diese nicht zur Verfügung, könnten die Abbildungen von den Schülern selbst entworfen werden. Informationen zum Thema können aus Biologiebüchern, Tierlexika und sonstigen Fachbüchern entnommen werden. Falls die Schüler mit den beiden Tieren (Frösche, Schildkröten) nichts anzufangen wissen, könnten auch Tierbeispiele aus Mat. 4 genommen werden (z. B. Hühnerhaltung, Kälberzucht, Stierkampf).

Stundenziele

– Den Zusammenhang von Bild und Text in appellierenden Texten untersuchen,
– die appellierende Absicht der Texte nachweisen,
– selbst einen appellierenden Bild-Text-Zusammenhang herstellen.

Vorschläge für projektorientierten Unterricht

Vorbemerkungen

Als wesentliche Kennzeichen eines projektorientierten Unterrichts gelten:
- Es geht um ein umfangreiches Vorhaben;
- die Aktualität steht im Vordergrund, d. h., der Unterricht nimmt seinen Ausgang von realen Lebenssituationen und stellt einen unmittelbaren Bezug zur Lebenspraxis der Schüler her;
- Projekte sind oft lernbereichs- bzw. fächerübergreifend;
- ein persönliches Interesse am Lernen soll vor allem dadurch aufgebaut werden, daß eigene Beteiligung und Engagement in verstärktem Maße ermöglicht werden;
- Techniken, Fähigkeiten und Methoden, die im lehrgangsmäßig aufgebauten Unterricht erlernt wurden, sollen für das Projekt nutzbar gemacht werden;
- Lehrerdominanz im Unterricht soll abgebaut werden, die Schüleraktivitäten sollen in den Vordergrund treten.

Ein Projektunterricht mit einem gewissen „Ernstfallcharakter" kann nicht voraussetzungslos praktiziert werden. Vorausgegangen sein muß zum Beispiel der Erwerb von Techniken, Fertigkeiten und Fähigkeiten. Der Projektunterricht muß daher im Zusammenhang gesehen werden mit dem übrigen Deutschunterricht und seinen unterschiedlichen Teilbereichen (mündlicher und schriftlicher Sprachgebrauch, Reflexion über Sprache, Arbeit mit Texten, Rechtschreibung). Im üblichen Deutschunterricht wird eher lehrgangsorientiert gearbeitet, indem ein in den Richtlinien und entsprechend in den Lehrbüchern (Sprach- und Lesebuch) vorgegebenes Curriculum erfüllt wird. Ein solcher Unterricht wird sich stärker als der Projektunterricht an den spezifischen Zielen des Deutschunterrichts und seiner Teilbereiche orientieren und weniger intensiv aktuelle sowie andere Fächer und Teilbereiche des Deutschunterrichts übergreifende Themen berücksichtigen.

Wenn die Schüler in der zweiten Hälfte der Klasse 6 mit den drei für die Klassenstufe wesentlichen Formen des mündlichen und schriftlichen Sprachverhaltens (Erzählen, Informieren, Appellieren) bekanntgemacht worden sind, bietet sich ein Projekt an, in das unterschiedliche Sprech-, Schreib-, Lese- und Reflexionanlässe integriert werden könnten. Im Gegensatz zum (notwendigen) weitgehenden Lehrgangscharakter des Unterrichts (Unterricht als eine geplante didaktische Unternehmung; vgl. die Unterrichtseinheiten *Informieren* und *Appellieren*), in dem es in der Regel um die Simulation von Sprech- und Schreibsituationen und einzuübende Schreibkompetenzen geht, stellt ein projektorientierter Unterricht die Anwendung in einer konkreten Schul- und Klassensituation in den Vordergrund.

Für den Projektunterricht müssen Voraussetzungen geschaffen werden; haben die Schüler noch nicht die notwendigen Fähigkeiten, Fertigkeiten und Kenntnisse im Verstehen und Verfassen von Texten erworben, besteht die Gefahr, daß er in Aktionismus ausartet und daß eine diffuse Inhaltlichkeit und eine nicht mehr strukturierbare, allzu komplexe Situation einen für die Schüler überschaubaren und strukturierten Unterricht verhindern.

Das Schreiben im Rahmen eines umfassenden Projekts kann für den Schüler einen Zuwachs an Bestätigung und Motivation bringen, weil seine Schreibergebnisse in der Regel nicht nur für den Lehrer und die Mitschüler der Klasse bestimmt sind, sondern für einen größeren Leserkreis (z. B. auch für Mitschüler der Parallelklasse und der Schule, Eltern, andere Lehrer der Schule). Die Wirksamkeit von Schreiben kann dabei konkret erprobt und erfahren werden. Betont werden muß allerdings, daß auch Projektunterricht eine von Schülern und vom Lehrer geplante unterrichtliche, d. h. künstliche Aktion ist und deshalb kaum mit realen Lebenssituationen gleichzusetzen ist.

Der Ablauf eines Projekts kann sich an folgenden allgemeinen Phasen orientieren:

Motivationsphase
Was wollen wir machen? Was haben wir uns vorgenommen? Welches Interesse haben wir an dem Thema?

Planungsphase
Wie wollen wir im einzelnen vorgehen? Welche Aktionen, Interviews, Befragungen wollen wir durchführen? Welche Schreib- und Lesearbeiten müssen geleistet werden?

Phase der Durchführung

Phase der Reflexion
Welche Korrekturen sind notwendig? Woran läßt sich Kritik üben? Was würden wir das nächste Mal anders machen? Was haben wir erreicht? Wie haben wir das erreicht? Was bleibt uns noch zu tun?

Hinweise für das Projekt „Klassenzeitung"

Es ist kaum möglich, für ein solches Projekt einen genauen Zeitplan anzugeben.

Der Lehrer wird ungefähr 6–8 Unterrichtsstunden einplanen müssen, manches muß als Hausarbeit erledigt werden. Wieviel Zeit die einzelnen Phasen beanspruchen, kann nur aus der konkreten Klassensituation entschieden werden. Ein Projekt wird dem Lehrer sehr viel Arbeit abverlangen, vor allem bei der Planung und Bereitstellung von Materialien. Außerdem muß er während des Ablaufs immer wieder helfend und korrigierend eingreifen; besonders notwendig ist es, einzelne Beiträge der Schüler zu korrigieren und für einen neuen Anlauf Mut zu machen.

Zu den einzelnen Phasen

1. Motivationsphase

In dieser Phase soll versucht werden, das Schülerinteresse zu wecken. In einem ersten freien Unterrichtsgespräch wird den Schülern der Projektvorschlag, ein Schülermagazin herzustellen, unterbreitet. Der Lehrer sollte hier intensiv zuhören, welche Vorschläge die Schüler dazu machen. Dann wird er den Impuls geben, daß jeder Schüler einen Beitrag leisten soll, indem er die Möglichkeit nutzt, sein Lieblingsthema zu gestalten. Zuvor müßte allerdings noch geklärt werden, welche Themen in eine solche Zeitung hineinkommen könnten. Dies sind z. B.: Sport, Reise- und Wandertips, Witze, Lieblingstiere, Hobbys, Basteltips, Sprachgags und „heiße Sprüche", Berichte über Fahrten, Zoobesuche, Museumsbesuche, Rätsel u. a. Dabei könnten alle Aufsatzarten und Textsorten, die die Schüler kennengelernt haben, eingebracht werden, z. B.: Erzählungen, Berichte, Beschreibungen, Appelle. Die fertige Zeitung soll nicht nur für jeden Schüler der Klasse sein, sondern vielleicht auch der Parallelklasse übergeben oder auf dem nächsten Elternabend oder Schulfest vorgestellt werden.

Zwischen der Motivations- und der folgenden Planungsphase (die Übergänge sind fließend) sollte die Möglichkeit zum Gespräch der Schüler untereinander geschaffen werden, damit sich Arbeitsgruppen zusammenfinden und erste Absprachen für eine Zusammenarbeit getroffen werden können.

2. Planungsphase

In dieser Phase soll geplant werden, in welcher Weise das Projekt ablaufen soll, wer mit wem zusammenarbeitet, welche Aufgaben die einzelnen Arbeitsgruppen übernehmen, welche Materialien gebraucht werden. Um Kriterien für die Gestaltung der Klassenzeitschrift zu gewinnen, ist zunächst die Analyse einer Zeitschrift (Jugendzeitschrift) notwendig. Erst danach sollten sich die Gruppen zusammensetzen, wobei ein erheblicher Teil der Arbeit zu Hause erledigt werden muß.

3. Phase der Durchführung

a) Analyse einer Jugendzeitschrift, um Kriterien für die eigene Arbeit zu gewinnen.

Bei der Titelblattgestaltung geht es zum Beispiel um die Fragen:
– Welchen Namen hat das Magazin? (Er darf nicht zu lang, muß gut zu merken, gut auszusprechen, in bezug auf die Sprache lesergemäß sein.)
– Welche Informationen stehen auf der Titelseite? (Name; Ausgabe: Nummer, Jahrgang, Monat; Hinweise auf den Inhalt des Heftes; möglicherweise auch Adressaten, also z. B.: Magazin für Schüler.)

– Wie ist das Titelblatt gestaltet? (Z. B. farbliche Gestaltung, die Aufmerksamkeit erregt; Abbildungen, die einen Bezug zum Inhalt haben.)

Weiterhin geht es um eine Inhaltsanalyse der Zeitschrift, z. B.: Leserbriefe, Preisrätsel, Interviews, Beratung, Flohmarkt, Tips und Tricks, Hit-Parade, Aktion zum Nachmachen, Aktualitätenschau, Poster, Kurzkrimi, Leserschublade, Witzkiste, Impressum, Vorschau auf das nächste Heft.

Danach könnte die inhaltliche, sprachliche und leserfreundliche Gestaltung einzelner Beiträge genauer untersucht werden. Fragen z. B.: Ist der Beitrag informativ? Ist der Beitrag übersichtlich gegliedert? Wie ist er illustriert? Hat sich der Schreiber mit Inhalt, Aufbau, Machart auf seine jugendlichen Leser eingestellt? Wichtig ist vor allem, auf die äußere Gestaltung zu achten: unterschiedliche Schriftarten, farbliche Gestaltung, Heraushebung durch Einrahmung u. a.

Um sich inspirieren zu lassen, sind die folgenden Zeitschriften geeignet, da sie die Interessen jugendlicher Leser ansprechen:
– treff, Velber-Verlag, Seelze
– Neue Stafette, Sailer-Verlag, Nürnberg
– Jugendscala, Sozietäts-Verlag, Frankfurt
– Junge Zeit, Verlag Junge Zeit, Augsburg.

Fachspezifisch ausgerichtet sind die Zeitschriften:
– Tierfreund, Sailer-Verlag, Nürnberg
– Geschichte mit Pfiff, Sailer-Verlag, Nürnberg.

b) Ablauf des eigentlichen Projekts

Bei der Wahl der Beiträge und bei der Formierung zu Arbeitsgruppen sollte den Schülern möglichst viel Freiraum eingeräumt werden. Daß die Tische möglicherweise umgestellt werden, ist eine Selbstverständlichkeit bei dieser Form des Arbeitens. Es können auch Beiträge verfaßt werden, die andere Fächer miteinbeziehen, z. B. Kunst, Musik, Geschichte, Erdkunde, Politik. Wesentlich ist, daß die Schüler die unterschiedlichen Sprachhandlungen realisieren können (erzählen, informieren, appellieren).

Im Wechsel von Entwurf, Korrektur, Neubearbeitung werden die einzelnen Beiträge in Einzelarbeit, Partnerarbeit oder Gruppenarbeit erstellt. Einige dieser Arbeiten können auch als Hausaufgabe erledigt werden, sonst wird es Zeitprobleme geben. Die einzelnen Seiten können auch grafisch und farblich gestaltet werden, um den Leser anzusprechen und seine Aufmerksamkeit zu wecken. Die einzelnen Beiträge werden zunächst an der Pin-Wand befestigt, damit sie von allen Schülern der Klasse gelesen, ggf. noch korrigiert werden können. Die letzte, vom Lehrer korrigierte Fassung der Beiträge wird auf nicht linierte DIN-A 4-Blätter mit gleich breitem Rand (für die spätere Heftung) übertragen (einseitig beschreiben!).

Schließlich sollte die Gestaltung des Titelblattes in Angriff genommen werden. Bei einem von mir initiierten Projekt wurden folgende Vorschläge für den Titel gemacht:

Krümel – Pummel – Schülerinfo – Schüler-Kiste – Zitro – Blubber – Glotzi – Strahli-Putz – Ratsch – Quatschi – Tach! – Mach mit! – Glubschi – Mäcki – Tipp-Topp – Blubbel – Pfiff.

Über die einzelnen Titel, ihre Vorzüge und Schwächen wird diskutiert und schließlich über den besten abgestimmt. Mit diesem wird dann ein Titelblatt gestaltet. Der beste Titelblattentwurf sollte mit den Schülern besprochen werden, und es sollten Vorschläge zur Verbesserung gemacht werden, um den Entwurf dann wieder dem entsprechenden Schüler zur weiteren Bearbeitung zu übergeben.

Gedanken machen sollte man sich im Unterricht auch über die Vervielfältigungsmöglichkeiten. Bei einer relativ geringen Auflage wäre Fotokopieren das Einfachste, bei einer höheren Auflage bietet sich ein preiswerter Druck an.

4. Phase der Reflexion

In dieser Phase sollte das fertige Schülermagazin kritisch begutachtet und bewertet werden. Die Schüler sollten auch erörtern, was ihnen bei dieser Arbeit gefallen und was ihnen nicht gefallen hat.

Weitere Hinweise und Vorschläge

Statt des Projektthemas Klassenzeitung wären z. B. auch folgende Themen möglich:

– Sport (Sportarten für uns, unser Sportverein, Olympische Spiele);
– Tiere (Tiergeschichten, Tierpflege, Tierhaltung, Tierschutz);
– Kinder türkischer Gastarbeiter (Geschichten über Gastarbeiterkinder, Situationen der Kinder in ihrer Heimat und bei uns).

Hier sollen sich die Schüler also auf ein bestimmtes Thema konzentrieren, während bei dem Projekt „Klassenzeitung" die einzelnen Beiträge in der Regel unterschiedliche Inhaltsbereiche ansprechen; außer der Anlage eines Projektbuches ergeben sich bei den drei vorgeschlagenen

Themen eine ganze Reihe weiterer Sprachhandlungen:
- Sich Informationen zum Thema verschaffen, die die Problematik von unterschiedlicher Seite beleuchten;
- Interviews mit dem Leiter des örtlichen Tierheims, mit Gastarbeiterfamilien, mit dem Vorsitzenden des Sportvereins machen;
- Umfragen in der Schülerschaft machen über Tierversuche, über die Einstellung gegenüber Kindern türkischer Gastarbeiter;
- einen Experten in die Klasse holen, der über das jeweilige Thema informiert;
- eine Aufklärungsaktion veranstalten, die sich mit informierenden, erzählenden und appellierenden Text-Collagen und Plakaten an Schüler der Parallelklassen oder aller Klassen der Jahrgänge 5 und 6 wendet;
- die Ergebnisse dokumentieren (z. B. Projektbuch, Broschüre, Wandzeitung).

Kinder türkischer Gastarbeiter
– ein Projekt-Beispiel

Im folgenden sind am Projekt-Beispiel „Kinder türkischer Gastarbeiter" Projektinhalt und Arbeitsweisen bzw. Methoden zusammengefaßt:

Projekt: Kinder türkischer Gastarbeiter

Inhalte:

- Wie leben sie in ihrem Land (Familie/Schule)?
- Welche andersartigen gesellschaftlichen Normen und religiösen Besonderheiten sind zu beachten?
- Wie leben die Kinder türkischer Gastarbeiter bei uns?
- Welche Schwierigkeiten haben die Kinder (möglicherweise), wenn sie wieder in ihre Heimat zurückkehren?
- Was können wir tun, um ihnen zu helfen?

Arbeitsweisen/Methoden:

- Briefe verfassen, um Informationen zu beschaffen
- unterschiedliche Texte lesen
- Unterrichtsgang: Besuch einer türkischen Familie, eines Wohnviertels, eines Ladens
- unterschiedliche Sprachhandlungen: beschreiben, berichten, erzählen, appellieren
- Simulations- und Rollenspiel
- Gespräche, Interviews, Diskussionen

Birgül erzählt

„Eigentlich wollte ich ja auch lieber in Corum in die Schule gehen. Aber was Ayse mir erzählt hat, finde ich auch nicht so toll. Sie hat mir das ganz genau erzählt. Da müssen alle Kinder Montagmorgen im Schulhof sich aufstellen. Dann wird die Fahne hochgezogen, und die singen die Nationalhymne, den Istikläl-Marsch. Da darf man nicht lachen, sonst kriegt man eine gescheuert.

Alle Kinder tragen da schwarze Kleider mit einem weißen Kragen. Jeden Morgen, wenn die Lehrerin in die Klasse kommt, stehen alle Kinder auf. Dann müssen sie strammstehen und so was aufsagen, einen Eid. Ayse konnte den auswendig und hat mir den beigebracht. Der geht so: ‚Ich bin Türke, ich bin aufrichtig, ich bin fleißig. Ich schwöre, die Jüngeren zu schützen und die Älteren zu achten.‘ Da kommt noch ein Satz, aber den kann ich nicht so richtig verstehen. Das heißt ungefähr: ‚Wir sollen uns für unser Vaterland, die Türkei, opfern.‘ In der Klasse in der Türkei sind es ganz viele Kinder. In Ayses Klasse waren es 70 Kinder. Sie kannte am Schluß noch nicht mal alle Namen der Kinder. So viele waren das. Sie wurden auch viel geschlagen von der Lehrerin. Und immer mit dem Lineal! Die Jungen mehr als die Mädchen.

Hier in meiner Schule in Bockenheim gibt es das nicht. Nur nachmittags im Türkischunterricht, da ist der Lehrer viel strenger. Der schlägt auch, wenn wir nicht still sind. Am schlimmsten aber finde ich, daß in der Türkei in der Schule immer geguckt wird, ob die Fingernägel auch sauber sind, man ein sauberes Taschentuch dabei hat, der Kragen schön sauber ist und man saubere Ohren hat. Die Haare von den Jungen müssen immer ganz kurz geschoren sein.

Außerdem erzählte die Ayse, daß es nicht genügend Bücher in der Schule gab, weil die nicht so viele drucken können. Und dann muß man die auch noch selber kaufen. Das wäre ganz schön teuer.

Schön finde ich, daß die in der Schule was zu trinken kriegen. Im Sommer gibt es Ayran (türkisches Getränk aus Joghurt und Salz) und Milch im Winter von Milchpulver. Die soll ganz süß schmecken. Und Pillen kriegen die in der Schule, damit die nicht krank werden. Die sollen aber schmecken wie Fisch, so wie der Lebertran.

Die lernen da viel auswendig in der Schule. Die Ayse konnte zum Beispiel alle Geburts- und Sterbetage von den Sultanen. Sultane sind bei uns die Könige. Die hatten viele, viele Frauen. Jetzt haben wir keine Sultane mehr. Dafür aber einen General, der hat nur eine Frau. Bei uns dürfen die Männer jetzt nur noch eine Frau haben. Früher konnten die vier Stück haben, ein Sultan sogar noch mehr. Die Ayse mußte in der Schule auch alle Flüsse der Türkei auswendig lernen und auch, wie lang die sind. Das müssen wir in der türkischen Schule, in die ich nachmittags einmal in der Woche gehe, auch. Da lernen wir alles über die Türkei. Da lernen wir türkische Geschichte, Erdkunde, die türkische Sprache. Türkisch lesen und schreiben, Gedichte und auch Lieder. Ich bekomme da auch ein Zeugnis.

Manche türkischen Kinder müssen auch in die Koranschule. Das ist wie Religionsunterricht. Da brauche ich aber nicht hin. Meine Eltern sagen: ‚Das wird sonst zuviel für dich.‘ Aber wenn ich mir so überlege, was die Ayse erzählt hat, dann möchte ich doch nicht in der Türkei in die Schule gehen . . .“

Aus: Merhaba . . . Guten Tag. Ein Bericht über eine türkische Familie. Lamuv-Verlag, Bornheim 1981, S. 25

Wichtig ist das Besorgen von Informationsmaterialien. Zum o. g. Thema einige Hinweise:

- Aktion Gemeinsinn e.V., Baumschulallee 15, 5300 Bonn 1
- Bundesminister für Arbeit und Sozialordnung. Pressereferat, 5300 Bonn 2
- Bundesminister für Bildung und Wissenschaft. Pressereferat, 5300 Bonn 2
- Diakonisches Werk der evangelischen Kirche in Deutschland, Stafflenbergstr. 76, 7000 Stuttgart 1
- Fröhlich, P./Märthesheimer, P.: Ausländerbuch für Inländer. Frankfurt/M. 1980 (Fischer TB 4220)
- Wochenzeitung „Das Parlament", 31. Jhrg. Nr. 35–36: Daheim in der Fremde?

- Zeitschrift PZ. Hrsg. von der Bundeszentrale für politische Bildung, 5300 Bonn:
Nr. 23: In der Fremde daheim
Nr. 24: Ausland ist überall

Zu diesem Thema finden sich Texte unterschiedlicher Art auch in einschlägigen Lesebüchern. Auf S. 86 als Beispiel ein Text, der über die türkische Schule informiert und der einer 5. und 6. Jahrgangsstufe angemessen ist.

Das türkische Mädchen Birgül lebt mit ihren Eltern in Frankfurt und geht dort auch zur Schule. Sie erzählt von ihrer Freundin Ayse (gespr. Aische), die in der Türkei lebt und dort die türkische Schule besucht.

Literaturhinweise

Arbeitstechniken, Themenheft: Praxis Deutsch, 21/1977

Baurmann, Jürgen; Ludwig, Otto: Aufsätze vorbereiten – Schreiben lernen. In: Praxis Deutsch, 80/1986

Bayer, Klaus (Hrsg.): Studienbuch Mündliche Kommunikation. Paderborn, München, Wien 1982

Beilhardt, Karl; Elflein, Werner; Wolff, Jürgen: Training Aufsatz 5/6 Schuljahr. Stuttgart 1983

Bibliographie Aufsatzunterricht. In: Praxis Deutsch, 53/1982

Boemke, Heiner; Humburg, Jürgen: Schreiben kann jeder. Reinbek 1980

Boueke, Dietrich; Hopster, Norbert (Hrsg.): Schreiben – Schreiben lernen. Tübingen 1984

Jägel, Wolf-Dietrich: Sprachliche Mitteilungsformen im Alltag. Paderborn 1973

Kienzler, Manfred: Aufsatz heute. Bd. 1. München 1984

Ludwig, Otto; Menzel, Wolfgang: Schreiben. In: Praxis Deutsch 9/1975

Ludwig, Otto; Wolff, Gerhart: Berichten im Alltag – Berichten in der Schule. In: Praxis Deutsch 28/1978

Manz Aufsatzbibliothek. München
Bd. 1: Die Erzählung (1980)
Bd. 2: Der Bericht (1980)
Bd. 3: Die Beschreibung (1982)
Bd. 4: Briefe (1981)

Menzel, Wolfgang: Schreiben über Texte. Ein Kapitel zum Aufsatzunterricht. In: Praxis Deutsch, 65/1984

Merkelbach, Valentin: Studienbuch Aufsatzunterricht. Paderborn 1982

Personenbeschreibungen. Themenheft: Praxis Deutsch 74/1985

Schreiner, Kurt: Aufsätze besser schreiben. Förderkurs für die Klassen 4–10. Niederhausen 1978

Sprachschlüssel. Klett – Sprachbuch für Gymnasien und Realschulen Stuttgart 1982–1987

Voigt, Bernard: Beschreibungen: Orte, Wege, Räume. In: Praxis Deutsch 61/1983

Widmann, Gerhard: Aufsatz – Bericht. Ein Übungsprogramm. München 1979

Stundenübersicht der „Stundenblätter Aufsatz – Erzählen"

Erlebtes und Erfundenes strukturiert erzählen

1. Stunde: Über abenteuerliche Geschichten und eigene spannende Erlebnisse erzählen
2. Stunde: Erzählanfänge untersuchen und weiterführen
3. Stunde: Aus Bildvorlagen Erzählideen entwickeln
4. Stunde: Erzählschritte und Spannungsbogen
5. Stunde: Ausbau von Erzählimpulsen
6. Stunde: Schülererzählungen miteinander vergleichen
7./8. Stunde: Mittel zur Ausgestaltung einer Erzählung erkennen und anwenden

Den Höhepunkt ausgestalten und die innere Handlung darstellen

9. Stunde: Kriterien für einen Erzählhöhepunkt erarbeiten und anwenden
10. Stunde: Den Höhepunkt in einem Erzählgerüst ausgestalten
11. Stunde: Innere Handlung untersuchen und darstellen
12. Stunde: Erzählsituation sprachlich entfalten

Aus verschiedenen Perspektiven erzählen

13. Stunde: Der Ich-Erzähler
14. Stunde: Allwissender Erzähler
15. Stunde: Unterschiedliche Perspektiven einnehmen
16. Stunde: Bericht und Interview zu einer Erzählung ausgestalten (ohne Stundenblatt)

Unterschiedliche Erzählabsichten

17. Stunde: Zuhörer oder Leser unterhalten
18. Stunde: Belehren und zum Nachdenken anregen

In Briefen erzählen

19. Stunde: Brief an einen persönlich bekannten Adressaten
20. Stunde: Eine Erzählung in einen Brief umsetzen

Zu Bildern erzählen

21. Stunde: Eine Bilderfolge in eine gegliederte Erzählung umsetzen
22. Stunde: Ein Bild zum Höhepunkt einer Erzählung ausbauen
               (ohne Stundenblatt)
23. Stunde: Bildergeschichten und innere Handlung
24. Stunde: Eine Bilderfolge aus verschiedenen Perspektiven erzählen
               (ohne Stundenblatt)

Nacherzählen – neu erzählen

25. Stunde: Ausgangstext und Neuerzählung miteinander vergleichen
26. Stunde: Eine Sage neu erzählen